Brigitte vom Wege / Mechthild Wessel

Blätter, Steine und Kastanien

Brigitte vom Wege / Mechthild Wessel

Blätter, Steine und Kastanien

Spiele mit Naturmaterialien

Mit Illustrationen von Klaus Puth

HERDER
FREIBURG · BASEL · WIEN

Im Interesse der besseren Lesbarkeit und weil Frauen in frühpädagogischen Berufen prozentual stärker vertreten sind als Männer, wird in diesem Buch stets die Leserin angesprochen und auch meist die weibliche Form verwendet, wenn von pädagogischen Fachkräften die Rede ist. Selbstverständlich sind damit aber immer Leser und Leserinnen bzw. männliche und weibliche Fachkräfte gleichermaßen gemeint.

MIX
Paper from responsible sources
FSC® C010798
www.fsc.org

www.herder.de

Umschlaggestaltung: SchwarzwaldMädel, Simonswald
Illustrationen innen und außen: Klaus Puth, Müllheim

Layout, Satz und Gestaltung: Arnold & Domnick, Leipzig
Herstellung: Graspo CZ, Zlín
Printed in the Czech Republic

ISBN: 978-3-451-32599-1

Inhalt

Vorwort

Über die Erde
sollst du barfuß gehen.
Zieh die Schuhe aus,
Schuhe machen dich blind.
Du kannst doch den Weg
mit deinen Zehen sehen.
Auch das Wasser und den Wind.

Sollst mit deinen Sohlen
die Steine berühren,
mit ganz nackter Haut.
Dann wirst du bald spüren,
dass dir die Erde vertraut.

Spür das nasse Gras
unter deinen Füßen
und den trockenen Staub.
Lass dir vom Moos
die Sohlen streicheln und küssen
und fühl das Knistern im Laub.

Steig hinein,
steig hinein in den Bach
und lauf aufwärts
dem Wasser entgegen.
Halt dein Gesicht
unter den Wasserfall.
Und dann sollst du dich
in die Sonne legen.

Leg deine Wange an die Erde,
riech ihren Duft und spür,
wie aufsteigt aus ihr
eine ganz große Ruh'.
Und dann ist die Erde
ganz nah bei dir, und du weißt:
Du bist ein Teil von Allem
und gehörst dazu.

Martin Auer

Die Natur erfahren

Bei ihren Spielen und anderen Aktivitäten treffen Kinder häufig auf Naturerscheinungen und Naturmaterialien, auch solche, die richtige Stubenhocker sind und sich in erster Linie auf ihre unmittelbare Umgebung konzentrieren. Damit Kinder die nähere und weitere Naturumwelt umfassend erfahren können, sind sie auf interessierte Erwachsene angewiesen, die ihnen Kontakte mit der Natur ermöglichen, den richtigen Umgang mit ihr aufzeigen und sie zu angemessenem Verhalten befähigen.

Alle Kinder haben Lust und Wissbegierde an den Dingen und Begebenheiten, die um sie herum stattfinden, sie wollen sie im wahrsten Sinne des Wortes begreifen und verstehen, möchten wissen, warum etwas geschieht, wie die Dinge funktionieren und zusammenpassen. Mit der Natur, mit Bäumen, Federn, Erde, Steinen und der Wiese kommen Kinder in Berührung, wenn sie Gelegenheiten haben, sich viel im Freien aufzuhalten.

Gelegentlich schenken Kinder ausgewählten Natur-Objekten ihre volle Beachtung. Aufmerksam und mit viel Hingabe erforschen sie die Fundstücke und je nach Alter und Interesse übernehmen sie die Gegenstände in ihre Spielaktivitäten. Auf diese Weise lernen sie deren besonderen Eigenschaften kennen und auch den sinnvollen Umgang mit Naturelementen. Sie erleben und begreifen so die ersten Schritte eines aktiven Umwelt- und Naturschutzes.

In diesem Buch werden Spiel- und Aktionsmöglichkeiten vorgestellt, die ohne großen Aufwand und mit wenig Vorbereitung im Haus oder im Freien durchgeführt werden können. Die Einfachheit der ausgewählten Spiele und Experimente sorgen für sicheren Spielerfolg.

Dieses Erfolgserlebnis ist wichtig, denn es wird zum Impulsgeber für die eingenständige Erweiterung und Anpassung der Spielanregungen. Kinder werden dazu aufgefordert den Naturgegebenheiten und Naturerscheinungen auf den Grund zu gehen und sich so zu bilden.
Der Aufbau der einzelnen Kapitel ist einheitlich gestaltet. Nach kurzen wissenswerten Sachinformationen zum Thema folgen altersspezifische Vorschläge zum Beobachten und Erforschen, Malen und Gestalten, Spielen und Singen.

Hier wie auch sonst haben wir unsere Erfahrungen eingebracht und möchten sie weitergeben. Über Berichte aus der Praxis und Verbesserungsvorschläge freuen wir uns.

Brigitte vom Wege und Mechthild Wessel

Mein Freund der Baum

Baumforscher, Waldgeister und Kastanienräuber

Im Wald befinden sich eine Fülle an Materialien, die den Forschergeist und den Spieltrieb der Kinder gleichermaßen herausfordern.

Was müssen das für Bäume sein?

In der Natur- und Umweltpädagogik haben Bäume eine besondere Bedeutung. An ihnen können mit Kindern Fragen des Lebensraums, der Nahrungsbeziehungen, der Landschaftsgestaltung und der Wetterkunde exemplarisch erarbeitet werden. Darüber hinaus ist der Zugang von Kindern zu Bäumen in besonderer Weise vom Erlebnis der Größenunterschiede geprägt.
Im Gespräch mit Kindern über Bäume tauchen häufig die gleichen Fragen auf: Wie der Baum heißt, warum er so groß werden kann und wodurch er sich von anderen Bäumen unterscheidet.
Wir unterscheiden Nadelbäume und Laubbäume.

Nadelbäume: Die Laubblätter sind nadelförmig und werden im Winter nicht abgeworfen (mit Ausnahme der Lärche); die Früchte (Zapfen) sind kegelförmig (konisch), daher nennt man Nadelbäume auch Koniferen. Die bekanntesten Nadelbäume heißen: Tanne, Fichte, Lärche und Kiefer.

Laubbäume: Die Blätter sind mehr oder weniger flächig und aufgeteilt, aber nicht nadelförmig; Laubbäume werfen ihr Laub im Winter ab. Zur genauen Bestimmung der Laubbäume können im Winter die Rinde und die Knospen dienen, im Frühling die Blüten und im Sommer und Herbst die Blätter und Früchte. Die bekanntesten Laubbäume heißen: Eiche, Rotbuche, Rosskastanie, Birke, Ahorn und Linde.

Schon gewusst?
Wenn ein Baumstumpf Austriebe zeigt, ist er von einem Laubbaum, denn Nadelbäume schlagen niemals aus.

Bäume sind die größten, dicksten und ältesten Pflanzen der Welt. In Deutschland steht eine etwa hundertjährige Douglastanne, die über 60 m hoch ist. Kinder erfahren diese Größe am besten, indem sie die abgemessene Größe als Wegstrecke ablaufen.
Der dickste Baum in Deutschland ist eine Linde mit einem Umfang von 10 m. Um Kindern diese „Dicke“ zu verdeutlichen, wird mit einer Schnur der Kreisumfang auf den Boden gelegt und gezählt, wie viele Kinder sich dort hineinstellen können.
Der älteste Baum in Deutschland ist eine Linde. Sie ist bereits über 1000 Jahre alt. Dieses Alter ist für Kinder unfassbar; Bilderbücher über das Leben im Mittelalter können möglicherweise eine Vorstellung vermitteln.

Rätselreim

Im Frühling erfreu ich dich,
im Sommer kühl ich dich,
im Herbst ernähr ich dich,
im Winter wärm ich dich.

(Der Baum)

Bäume mildern nicht nur die Hitze und den Frost, sie geben auch viel Feuchtigkeit ab und kühlen die warme Luft. Sie können große Wassermengen speichern. Sie ziehen das Wasser aus dem Boden, reinigen es durch die Blätter und geben es an die Luft wieder ab. Das ist wie ein Schwamm, der das Wasser aufsaugt und bei Trockenheit wieder abgibt. Bäume sind auch ausgezeichnete Sauerstoffspender. Ihre grünen Blätter verwandeln das Kohlendioxid in Sauerstoff. Eine große Buche z. B. kann eine Tonne Luft im Jahr entgiften. Aus den Blättern, die im Herbst herunterfallen, entsteht wieder neue Erde. Außerdem bieten Bäume Schutz, Wohnung und Nahrung für viele Tiere.

Bäume säen

+4

Material: Joghurtbecher, Aussaatschalen oder kleine Blumentöpfe, Blumenerde, Samen oder Früchte von Bäumen, z. B. Kastanie, Eiche, Buche, Birke, Ahorn, Walnuss, Pappstreifen, Stift

Große Samen oder Früchte wie die Kastanie, Eichel oder Walnuss sind vor allem für jüngere Kinder gut geeignet, jeweils einzeln in einen kleinen Topf mit Blumenerde gesteckt zu werden. Anschließend fertigen die Kinder aus Pappstreifen kleine Symbolschilder an, mit denen die verschiedenen Aussaaten bildlich gekennzeichnet werden. Die Samen einiger Bäume beginnen erst nach der Einwirkung von Feuchtigkeit und Kälte zu keimen.

Durstige Blätter

+6

Material: 2 Gläser, Wasser, Speiseöl, Permanentstift, 2 Baumzweige mit Blättern

Zwei große Gläser mit der gleichen Menge Wasser füllen und die Höhe der Wasserstände mit einem Permanentstift außen an den Gläsern markieren. In jedes Glas etwas Speiseöl gießen, damit das Wasser nicht so schnell verdunsten kann. In ein Glas einen Zweig mit Blättern stellen, in das andere einen Zweig ohne Blätter, die Blätter werden zuvor vom Zweig entfernt.
Die Kinder stellen nach einer Woche fest, dass das Wasser in dem Glas mit dem Blätterzweig schneller verdunstet als in dem anderen.

Schon gewusst?
Der Wald ist im Sommer die beste Klimaanlage, denn durch die Blätter der Bäume verdunstet das Wasser, das hat eine kühlende Wirkung.

Kastanienseife +6

Material: frische Kastanien, Nussknacker, Zange, Küchenreibe, Einweckglas, Sieb, Wasser

Kastanien enthalten Saponine, das sind seifenartige Wirkstoffe. Das zeigt auch das folgende Experiment: Von den frischen Kastanien die braune Schale entfernen. Die weißen Kastanienkerne mit der Küchenreibe raspeln, in ein Einweckglas geben und mit Wasser auffüllen. Nicht zudecken. Nach drei Tagen bildet sich ein weißlicher Schaum. Die Kastanien-Wasser-Mischung durch ein Sieb gießen. Schon können sich die Kinder mit ihrer selbst hergestellten, flüssigen Kastanienseife waschen.

Blätter pressen +4

Material: Laubblätter von verschiedenen Bäumen und Sträuchern, ausrangiertes Telefonbuch oder andere dicke, schwere Bücher, Küchenkrepp

Saubere Laubblätter werden von den Kindern einzeln zwischen Küchenkreppstücke gelegt und diese dann zwischen Buchseiten geschichtet. Das Buch (bzw. die Bücher) an einem warmen, trocken Ort lagern und evtl. etwas Schweres darauf stellen. Nach einer Woche vorsichtig nachgucken, ob die Blätter schon trocken sind.

Verwendungsbeispiele:

- Blätter zu fantasievollen Blätterbildern anordnen, evtl. etwas dazumalen.
- Die Strukturseite eines Blattes mit Plakatfarbe einstreichen und drucken.
- Blätter mit Goldfarbe anstreichen und Festkarten damit gestalten.
- Einen interessant geformten Ast aufhängen und mit Blättern und anderen Fundstücken dekorieren.

Waldgirlande

+4

Material: gepresste Laubblätter unterschiedlicher Färbung, Blumendraht, kleine Pappscheiben, Waldfrüchte, Bindfaden
Für die Variation: Wachsmalstifte, Kreide oder Buntstifte, Papier

Die gepressten Blätter auf Blumendraht aufziehen. An beiden Drahtenden eine kleine Pappscheibe befestigen, damit die Blätter nicht wieder herunterrutschen. Zusätzlich können an der Girlande verschiedene herbstliche Waldfrüchte (z. B. Eicheln, Zapfen, Nüsse) mit einem Bindfaden befestigt werden.

Variation: Mit Wachsmalstiften, Kreiden oder Buntstiften und Papier lässt sich das Relief eines Blattes oder einer Rinde abbilden. Hierzu das Blatt oder ein Stück Rinde unter das Papier legen und vorsichtig darüber malen. Mit dieser sogenannten Frottage kann man die Waldgirlande ausschmücken.

Tipp: Frottagen eignen sich auch gut als Ratespiel: Wer weiß, welche Blatt- oder Rindenfrottage zu welchem Baum gehört?

Walnussmaus

+4

Material: Walnussschalenhälften, braunes Tonpapier, Schnur, Bleistift, schwarzer Filzstift, Klebstoff, Schere

Eine leere Walnussschalenhälfte auf das Tonpapier legen und mit einem Bleistift den Umriss nachzeichnen. Ein kurzes Stück Schnur abschneiden. Auf den Rand der Walnussschale etwas Klebstoff streichen, die Schnur als Schwanz festkleben und das ausgeschnittene Tonpapier darüber kleben. Zum Schluss der kleinen Walnussmaus mit dem Filzstift ein Gesicht aufmalen.

Blättertheater

+5

Material: Schuhkarton mit Deckel, Klebstoff, Schere, gepresste Laubblätter, kleine Äste mit 2 möglichst auf gleicher höhe liegenden Seitentrieben, Grashalme

Aus dem Schuhkarton wird zuerst die Bühne hergestellt. Dafür schneidet man eine der beiden langen Seiten aus dem Karton heraus. In den Deckel wird ein großes Rechteck geschnitten. Den Deckel auf den Karton legen und festkleben. Durch das Rechteck schaut das Publikum später den Figuren beim Auftritt zu. Die offene Seite des Kartons zeigt also nach unten und von dort erscheinen die Spielfiguren auf der Bühne. Zum Schluss wird die Bühne mit getrockneten Blättern verziert, die außen rund um den Deckelausschnitt aufgeklebt werden.

Nun entstehen die Spielfiguren. Für eine Spielfigur wird an einem Ast unterhalb der Seitentriebe ein größeres Blatt so festgeklebt, dass die beiden Triebe als Armpaar herausragen. Es sollte genug vom Stock unten herausschauen, damit die Figur später an diesem Ende festgehalten werden kann. Oberhalb der beiden Triebe kann ein weiteres Blatt als Kopf angeklebt werden. Kleinere Blattstücke als Hände oder Gräser als Finger oder Haarbüschel können die Figuren komplettieren.

Tipp: Gehen Sie gemeinsam mit den Kindern vorab auf die Suche nach geeigneten Ästen und Blättern. Je größer die Auswahl, desto besser. Im Vorfeld kann auch schon gemeinsam überlegt werden, welche Figuren entstehen sollen.

Hinweis: Die Blätter und Äste müssen trocken sein, damit der Klebstoff gut hält. Falls vorhanden, kann eine Heißklebepistole eingesetzt werden, ansonsten dem Klebstoff genügend Zeit zum Trocknen geben.

Baumgesichter

+5

Material: Blätter, Baumfrüchte, Grashalme, kleine Ästchen, Salzteig oder Ton

Allein oder zu zweit gestalten die Kinder Baumgesichter, indem sie die Naturmaterialien mithilfe von Salzteig oder Ton an den Baumstämmen befestigen, beispielsweise Kastanien als Augen, Zapfen als Nase, eine Reihe Bucheckern als Mund, kleine Ästchen oder Grashalme als Haare usw. Salzteig verrottet problemlos. Die Kinder geben ihren Baumgesichtern fantasievolle Namen und erfinden eine Biografie.

Tipp: Um den Baumgesichtern eine längere Lebensdauer zu ermöglichen, werden sie fotografiert.

Blätter-Laterne

+5

Material: Luftballon, bunte gepresste Laubblätter (möglichst stabil lederartig), Tapetenkleister, Butterbrotpapier, Draht, Stopfnadel, Laternenstab

Einen Luftballon aufblasen und fest zuknoten. Das Butterbrotpapier in kleine Stücke reißen. Den Luftballon mit Kleister einschmieren und eine Schicht Papierschnipsel aufkleben, dabei den Bereich um den Luftballonknoten frei lassen. Nun die Blätter schuppenartig aufkleben, damit das Licht später gut durchscheint.

Den bekleisterten Ballon ein paar Tage trocknen lassen. Anschließend in den Luftballon eine Nadel stechen, dass er platzt, und die Reste entfernen. In den oberen Rand mit einer Stopfnadel zwei gegenüberliegende Löcher stechen. Dort den Draht zur Befestigung des Laternenstabes anbringen.

Rindenschiffchen

+5

Material: Trockene Rindenstücke, Kiefer- oder Fichtenzweig, Baumblatt, Handbohrer, Zündhölzer ohne Zündkopf, Klebstoff

In das Rindenstück mit einem Handbohrer ein kleines Loch bohren. Den Kiefer- oder Fichtenzweig als Mast hineinstecken und ein Baumblatt als Segel am Mast festkleben. Wenn nötig den Mast mit Zündholzstückchen festklemmen. Fertig ist das Rindenschiffchen.

Blätter-Bilder

+5

Material: alte Zahnbürste, Sieb, gepresste Baumblätter, Zeichenpapier, Wasserfarben, Zeitungspapier oder Plastikfolie zum Abdecken

Der Arbeitsplatz wird vor Beginn der Aktion mit Zeitungspapier oder einer Plastikfolie großzügig abgedeckt. Auch die Kinder selbst sollten mit alten Kleidern oder einem Malerkittel so angezogen sein, dass Farbspritzer kein Problem sind. Dann kann es losgehen: Getrocknete und gepresste Blätter werden einzeln auf ein Blatt Papier legen. Eine alte Zahnbürste in Deckfarbe tauchen und so über ein Sieb streichen, dass ein Farbsprühregen entsteht. Die Farbe darf allerdings nicht zu nass sein. Durch Verlegen der Blätter (Farbe muss trocken sein) und die Überlagerung von Farbschichten entstehen interessante Schattierungen.

Webrahmen aus Ästen

+5

Material: gerade Äste (ca. 50 cm lang), Paketschnur, Schere, Naturmaterialien wie z. B. gepresste Baumblätter, dünne Zweige, Grashalme, Binsen, Schafwolle

Vier gerade Äste werden zu einem rechteckigen Webrahmen gelegt und mit der Paketschnur zusammengebunden. Dieser Webrahmen wird quer oder längs wie eine Harfe mit der Schnur bespannt. Nun können dünne Zweige, Halme oder Binsen eingewoben, d. h. durch die bespannten Schnüre gefädelt werden. Blätter oder andere Waldfrüchte zusätzlich einbinden.

Tipp: In der Dunkelheit können diese Webrahmen auch als Leuchtfenster verwendet werden, indem man sie mit einem dahinter stehenden Teelicht beleuchtet.

Waldmandala

+5

Material: getrocknete Samen, Blätter, Blüten, Baumfrüchte, Steine, Schneckenhäuser und andere Naturmaterialien, kleine Schüsseln, bei Bedarf Klebstoff und Fotokarton

Mandalas sind geometrisch angeordnete Motive, die einen Mittelpunkt kreisförmig umschließen und Sternen, Blumen oder Spiralen ähneln.
Für ein Waldmandala werden gemeinsam viele Naturmaterialien gesammelt, die im Wald zu finden sind: Blätter, Früchte, Samen, Steine, Zapfen, Schneckenhäuser, Äste, Gräser usw. Die gesammelten und getrockneten Materialien stehen für das Legen des Mandalas sortiert in verschiedenen Schüsseln bereit. Sie werden vom Mittelpunkt ausgehend nach außen gelegt – oder umgekehrt vom äußeren Rand nach innen. Soll das Mandala erhalten bleiben, wird es auf Fotokarton gelegt und festgeklebt.

Hagebutten-Kette

+5

Material: Hagebutten, Nadel, Faden

Weiche Hagebutten, die im Spätsommer oder Herbst an einer Rosenhecke zu finden sind, werden gesammelt. Die Hagebutten mit einer Nadel durchstechen und auf einem festen Faden zu einer Kette aufreihen. Danach wird die Hagebutten-Kette auf ein Blech gelegt und ein paar Stunden bei schwacher Hitze im Ofen getrocknet. Als Hals- oder Armschmuck oder als Verzierung im Fenster kommt sie wunderbar zur Geltung.

Blätter-Tänzerin

+5

Material: getrocknetes und gepresstes Ahornblatt, Ahornfrucht, weißes Zeichenpapier, Buntstifte, Schere, Klebstoff, Bindfaden oder Blumendraht

Auf das weiße Zeichenpapier wird die Vorder- und Rückseite einer Tänzerin gemalt und ausgeschnitten. Eine Ahornfrucht als Frisur und jeweils ein Blatt als Rock auf die Vorder- und auf die Rückseite der Tänzerin kleben. Die fertige Tänzerin an einem Faden oder Blumendraht an einem Ast aufhängen, sodass sie im Wind tanzen kann. Mehrere dieser lustigen Tänzerinnen ergeben ein richtiges Ballett.

Der Wald im Guckkasten +5

Material: Schuhkarton, Naturmaterialien aus dem Wald, Schere oder Prickelnadel, Klebstoff

In die Seitenteile oder den Deckel des Kartons Gucklöcher schneiden oder prickeln. Aus den gesammelten Waldschätzen im Inneren des Kartons eine Waldlandschaft gestalten und eventuell mit Klebstoff befestigen. Zusätzlich können kleine Spielfiguren die Waldlandschaft beleben. Mit den Resten des Naturmaterials die Außenseite des Kartons dekorieren.

Kastanienspinne +6

Material: Kastanien, Handbohrer, Wollfaden (etwa 2 Meter Länge), 6 bis 8 Zahnstocher

Rundum in die Kastanie mit dem Handbohrer einen Kreis mit 6 bis 8 Löchern bohren. In die Löcher werden nun Zahnstocher gesteckt. Nun wird an einem Zahnstocher der Wollfaden möglichst nah an der Kastanie angeknüpft. Den Faden von Zahnstocher zu Zahnstocher spiralig um die Kastanie nach außen führen und dabei jeden Zahnstocher umwickeln. Nun sieht es aus, als ob eine dicke Kastanienspinne mitten in ihrem Netz lauert. Das Ende des Wollfadens in der Hand halten, sich auf eine Mauer oder einen Stuhl stellen und die Spinne am Faden entlang abwärts zappeln lassen. Wenn der Faden abgewickelt ist, beginnt das Spiel von vorn.

Kastanienrakete

+6

Material: Kastanien, Handbohrer, Reste von Klarsichtfolien oder Plastiktüten, Zahnstocher

Mit dem Handbohrer ein Loch in den hellen Fleck der Kastanie bohren. Aus den Folienresten zehn Streifen von etwa 80 cm Länge und 1 cm Breite schneiden und so tief wie möglich in das vorgebohrte Loch der Kastanie stecken. Mit einem Zahnstocher nachstopfen; evtl. den Zahnstocher abbrechen, damit die Streifen festgeklemmt bleiben. Die Kastanienrakete jetzt möglichst weit in die Höhe werfen und wieder auffangen. Als Wurfspiel können sich immer zwei Kinder eine Kastanienrakete zuwerfen.

Astgabelrassel

+6

Material: Handbohrer, Nagel, Hammer, Draht, Zange, kleine Säge, Astgabel, mehrere Kronkorken

Im Wald wird nach Ästen der Esche Ausschau gehalten, die eine Astgabel ausgebildet haben. Eschenholz ist sehr stabil und lässt sich gut bearbeiten.
In die Astgabel auf jeder Seite mit dem Handbohrer ein Loch bohren. Die Mitte jedes Kronkorkens mit Nagel und Hammer auf einer Unterlage durchlöchern. Ein Drahtende an einem Loch der Astgabel befestigen und die Kronkorken auf den Draht fädeln. Das Drahtende durch das gegenüberliegende Loch in der Astgabel ziehen und befestigen. Je nach Größe der Astgabel können auch zwei oder drei Drähte mit Kronkorken zwischen den Ästen befestigt werden.

Waldemar und Waldi

+6

Material: Holzstücke, Äste, Stöcke, Rinde, Paketschnur, Knete

Im Wald wird eine Auswahl an Holzstücken, Ästen, Stöcken und Rindenstücken gesammelt. Aus dieser Sammlung werden passende Teile für die Marionette Waldemar und den Hund Waldi zusammengesucht: Kopf, Rumpf, zwei Arme, zwei bzw. vier Beine.

Für Waldemar werden zwei Stöcke mit Paketschnur zu einem Führungskreuz zusammengebunden. An jedes Stockende eine längere Schnur knoten. Kopf und Körper zusammenbinden und Arme und Beine festknoten. An die Arm- und Beinenden lange Schnüre binden. Die beiden Beine und Arme werden nun mit den Enden des Führungskreuzes verknüpft, sodass Waldemar mit einer Hand bewegt werden kann.

Waldi wird nur an einem Stock geführt. Der Rumpf wird mit drei Schnüren am Führungsstock (einem längeren Ast) festgeknotet, der Kopf mit einer weiteren Schnur. Jetzt sind Waldemar und Waldi bereit, in Aktion zu treten. Ein Spieler kann mit jeder Hand je eine Marionette bewegen, es kann aber auch je eine Figur von einem Spieler bedient werden.

Nussschalen-Kastagnette +6

Material: 2 Walnussschalenhälften, Pappe, Schere, Wollfaden, Klebstoff

Aus der Pappe einen Streifen schneiden (etwa 15 x 5 cm) und den Streifen in der Mitte knicken. In jede Hälfte der Pappe zwei Löcher stechen, einen Faden durchziehen und zu einer Fingerschlaufe verknoten. Auf jede Innenseite der Pappe eine halbe Walnussschale kleben. Daumen und zwei Finger durch die Schlaufe stecken und klappern.

Das Waldsachen-Suchspiel +5

Material: Suchlisten und Papiertüten

Wer sind die schnellsten Waldsachen-Sucher? Die Kinder finden sich immer zu zweit mit einem Erwachsenen zu einem Spielerpaar zusammen. Ziel der Suche ist, natürliche Gegenstände zu finden.

1 Feder
1 Samen, der vom Wind getragen wird
10 Exemplare einer Sache
1 Ahornblatt
1 Dorn
3 verschiedene Samen
etwas Rundes
1 Stück Eierschale
etwas Flauschiges
etwas Scharfes
5 von Menschen hinterlassene Abfallstücke
etwas vollkommen Gerades
etwas Schönes
1 angeknabbertes Blatt
etwas, das ein Geräusch macht
etwas Weißes
etwas Weiches

Erweiterung: Die gesammelten Waldfunde werden in einer Wald-Ausstellung präsentiert.

Spinnennetz

+5

Material: Wollknäuel

Auf einer begrenzten Fläche spannen die Kinder in Knie- und Hüfthöhe ein Netz aus Wollfäden von Baum zu Baum. Anschließend müssen sie versuchen, kriechend und kletternd das Spinnennetz von einer zur anderen Seite zu durchqueren, möglichst ohne das Netz zu berühren.

Waldgeister fangen

+6

Material: 1 bis 3 Kiefernzapfen pro Kind, Ton oder Salzteig, Weidenrute, Klebeband

Vor Beginn des Spieles gestaltet jeder Mitspieler mit Ton oder Salzteig seine Kiefernzapfen als Waldgeister. Anschließend wird von allen gemeinsam eine „Waldbude" gebaut, eine einfache Hütte aus Ästen und Zweigen.

Jeder Spieler bekommt nun eine Weidenrute, die entblättert und zu einem Reifen mit einem Durchmesser von ca. 20–30 cm gebogen wird. Die Enden werden mit Klebeband umwickelt. Die Waldgeister werden im Abstand von ca. einem Meter auf dem Boden verteilt und eine Linie, von der aus geworfen wird, auf dem Boden markiert. Die Spieler versuchen nacheinander die Waldgeister mit ihrem Ring zu fangen, also von der Wurflinie aus die Weidenreifen über die Geister zu werfen. Ist dies gelungen, wird der jeweilige Waldgeist in die Waldbude gebracht, sodass am Ende des Spiels der Wald von den Waldgeistern befreit ist.

Waldsammlung +5

Material: verschiedene Waldmaterialien, alle in doppelter Ausführung, Fotokarton, Stift, Lineal, Klebstoff, Fühlsack

Die Kinder haben im Wald Naturmaterialien gesammelt, die auf einem Fotokarton aufgeklebt werden. Je nach Anzahl der Materalpärchen werden mit Lineal und Stift Felder auf den Fotokarton gezeichnet. In jedes dieser Felder wird z. B. eine Kastanie, eine Eichel, ein Lärchenzapfen, eine Buchecker, eine Haselnuss usw. geklebt. Die passenden Gegenstücke liegen in einem Fühlsack. Jeder Gegenstand muss nun ertastet und zugeordnet werden.

Eichhörnchen-Spiel +5

Material: Früchte des Waldes, Blätter, kleine Stöcke, Zweige, Rinde, Moos

In einem Waldgelände werden sechs bis acht Bäume ausgesucht, die nicht zu weit voneinander entfernt stehen. Jeder Spieler baut an je einem Baum ein Nest, in die jeweils immer nur die gleichen Früchte gelegt werden, z. B. ein Nest mit Haselnüssen, eins mit Fichtenzapfen usw.
Nun beginnt das Spiel. Ein Mitspieler ist der Fuchs, die anderen sind die Eichhörnchen. Die Eichhörnchen müssen sich ihren Wintervorrat anlegen, d. h. sie müssen aus jedem Nest einen Gegenstand holen und an einen vorher bestimmten Platz legen. Der Fuchs versucht die Eichhörnchen dabei zu fangen. Berührt er ein Eichhörnchen, so muss es sein Teil, das es gerade in der Hand hält an den Fuchs abgeben, darf aber weiterlaufen.
Das Eichhörnchen, das am schnellsten seinen Wintervorrat aus je einer Frucht aller bestehenden Nester angelegt hat, hat gewonnen.

Herbstblätter würfeln

+5

Material: 1 Farbwürfel, 10 rote, 10 gelbbraune, 10 grüne Herbstblätter

Zunächst werden viele Herbstblätter gesammelt. Zum Würfelspiel die Blätter in der Tischmitte ausbreiten. Nach folgenden Regeln mit dem Farbwürfel reihum würfeln:

- Rot: 1 rotes Blatt nehmen.
- Gelb: 1 gelbbraunes Blatt nehmen.
- Grün: 1 grünes Blatt nehmen.
- Blau: 1 beliebiges Blatt nehmen.
- Weiß: Noch einmal würfeln.
- Schwarz: Eine Runde aussetzen.

Gewinner ist, wer die meisten Blätter einer bestimmten Farbe hat.
Variation: Mit einer größeren Anzahl an Blättern und dem Zahlenwürfel würfeln.

Laubmemory

+5

Material: gepresste Laubblätter von verschiedenen Bäumen und Sträuchern, Papprechtecke, Klebestift, Laminiergerät
Für die Variation: Baumbilder

Die gepressten Laubblätter sorgfältig auf Papprechtecke kleben und laminieren, zwei gleiche Blattformen bilden ein Paar.
Zu Beginn des Spiels liegen alle Karten gemischt, mit der Laubseite nach unten, nebeneinander auf dem Tisch. Der erste Spieler dreht nacheinander zwei Karten um, sodass sie von allen Beteiligten gesehen werden können, und benennt das Motiv. Unterscheiden sich die Laubblätter, werden sie wieder umgedreht. Bilden beide Karten ein Paar, nimmt der Spieler die Karten an sich und dreht die nächsten 2 Karten um. Eine Wiederholung findet solange statt, bis ein Bildpaar nicht mehr übereinstimmt. Dann ist der nächste Spieler an der Reihe. Wer am Schluss die meisten Kartenpaare besitzt, ist Gewinner.
Variation: Auf die zweite Memokarte ein Foto des passenden Baums kleben und das Wort in Druckbuchstaben darunter schreiben.

Erde ist nicht gleich Erde

Matschmonster und Erdmännchen erforschen den Boden

Erde ist viel mehr als der Grund zu unseren Füßen. Wie facettenreich sie ist, was alles in ihr lebt und wie vielseitig sie verwendet werden, all das ist faszinierend und lässt sich spielerisch erfahren.

In der Erde lag der Lehm – ganz bequem

Erde nährt, Erde heilt – nicht umsonst sprechen viele Kulturen auf der Welt also von „Mutter Erde“, aus der alles Leben hervorgeht.
Aber was ist Erde eigentlich genau? Erde besteht aus toten und lebendigen Teilen. Der unbelebte Teil, die Erdkruste, setzt sich aus abgeriebenem Gestein – also Sand – Ton, Mineralien sowie Luft und Wasser zusammen.
Der belebte, fruchtbare Teil der Erde entsteht durch Lebewesen. Pflanzen welken und verrotten und bieten somit anderen Pflanzen und Tieren eine Lebensgrundlage. Wenn Tiere nicht den Boden auflockern und zu Humus verarbeiten – wie zum Beispiel Regenwürmer – haben die Wurzeln der Pflanzen wiederum nicht genug Nährstoffe im Boden.

Erde ist aber nicht gleich Erde. Das lässt sich schon mit bloßem Auge erkennen: Von Tefschwarz über Orange bis hin zu Purpurrot kann sie gefärbt sein. Gelbe und rote Erden zum Beispiel enthalten besonders viel Eisenoxid, ein chemischer Stoff, der zur Färbung beiträgt. In manchen Ländern ist der Sand am Strand ganz schwarz, weil er aus zerriebener erkalteter Lava entstanden ist – und Lava ist schwarz.
Aber auch in Deutschland gibt es viele verschiedene Erdarten. In Norddeutschland etwa enthält die Erde besonders viel Sand, in Süddeutschland gibt es hingegen stark lehmhaltige Böden.

Lehm besteht aus Ton, Sand und Feinsand. Mit Wasser vermengt, lässt sich diese Mischung formen und zum Bauen verwenden. Trocknet Lehm aus, wird er fest und stabil und kann zu Lehmziegeln verarbeitet werden. Diese Ziegel können in Öfen gebrannt oder auch bloß in der Sonne getrocknet werden. Viele Menschen wohnen noch heute in Lehmhäusern, besonders in Afrika.
Aber auch bei uns in Deutschland findet sich in vielen alten Fachwerkhäuser Lehm. Ihre Wände sind oft mit einer Mischung aus Stroh und Lehm ausgekleidet. Und dann gibt es noch die essbaren Erden, z. B. die „Heilerde“ oder „Grüne Tonerde“ und „Kieselerde“. Sie werden aus besonders mineralreichen Erden „herausgefiltert”. Essbare Erden dienen allerdings nicht als Nahrungsmittel, sondern als heilendes Medikament, in dem viele gesunde Stoffe enthalten sind, zum Beispiel Kalzium, Magnesium und Silizium.

Sand-Knete

+4

Material: Stärkemehl, Sand (z. B. Vogelsand), Wasser, Lebensmittelfarbe, Tasse, Topf, Holzlöffel

Eine Tasse Stärkemehl, zwei Tassen feinen Sand, eine Tasse Wasser und nach Wunsch etwas Lebensmittelfarbe in den Topf geben und vermischen. Die Masse bei mittlerer Hitze erwärmen und kräftig rühren, bis sie dick wird.
Mit der abgekühlten Sandknete lassen sich beliebige Figuren herstellen, die allerdings einige Tage an der Luft trocknen müssen.

Wie machen Regenwürmer Erde?

+4

Material: 2 Einmachgläser, 2 feuchte Tücher, heller Sand, Erde, Laub, 3–5 Regenwürmer

Erde und Sand schichtweise in die Einmachgläser füllen und ein paar Blätter oben drauf legen. Nur in eines der beiden Gläser die Regenwürmer setzen. Beide Gläser ohne Deckel an einen schattigen kühlen Platz stellen und mit einem feuchten Tuch umwickeln. Ein paar Tage beobachten die Kinder was geschieht, dazu werden die Tücher kurz abgenommen.
Im Wurmglas graben sich die Regenwürmer Gänge, durchmischen die Erdschichten und ziehen Blätter in die Gänge. Durch ihre Gänge bekommt der Boden Luft und Wasser. Regenwürmer fressen gerne angemoderte Blätter zusammen mit etwas Erde. Sie haben keine Zähne und die winzigen Steinchen in der Erde, die sie aufnehmen, helfen ihnen, die Blätter zu zermahlen. Anschließend scheiden sie kleine Häufchen aus – der Regenwurmkot, aus dem die fruchtbarste Humuserde entsteht.
Im Topf ohne Würmer bleiben die Erdschichten unverändert.
Nach dem Experiment werden die Regenwürmer wieder in die Natur entlassen.

Sandwäscher unterwegs

+5

Material: Sand, flache Kunststoffschale, Lupeeine Wasserkanne

Eine Handvoll Sand in eine flache Schale legen und Wasser darüber schütten. Dann wie ein Goldwäscher die Schale hin und her schütteln, um das schlammige Wasser wieder abzugießen. Der Sand setzt sich am Boden der Schale ab. Nun können die Kinder den Sand mit der Lupe betrachten.

Zu sehen sind winzig kleine Steinchen von verschiedener Größe, Form und Farbe. Kein Sandkorn gleicht genau dem anderen. Manche sind kantig, andere rund und glatt.

Schon gewusst?
Sand ist zermahlenes Gestein und stammt aus Gebirgen, Flüssen, Wüsten und Meeren. Gestalt und Rundung eines Sandkorns kann einiges über seine Herkunft sagen. Runde Körner sind meist sehr alt. Wind und Wasser haben sie weit fortgetragen, gegeneinander geschlagen und dadurch abgeschliffen.

Die ganze Welt in Lehm

+5

Material: fertiger Lehmputz (im Baustoffhandel erhältlich) in drei verschiedenen Farben, dicker Quast, Naturmaterialien wie Muscheln, Steine, kleine Äste, Zapfen etc., dicke Stricknadeln aus Holz oder Kunststoff, Packpapier, Wachsmalstifte

Zuerst skizzieren die Kinder mit Wachsmalstiften auf großformatigem Packpapier Himmelskörper, Pflanzen, Tiere und Menschen. Dann wird der Lehmputz in drei verschiedenen Farbtönen durch einen Erwachsenen angerührt (nach Anleitung des Herstellers) und die erste Schicht auf der vorbereiteten Wand aufgetragen. Die Kinder können nun Abdrücke der gesammelten Naturmaterialien machen oder sie direkt in die Lehmschicht stecken. Die zuvor erstellten Skizzen werden mit Holzstäbchen oder Stricknadeln hineingeritzt. Korrekturen können mit einem breiten Pinsel vorgenommen werden.

Regenwurm-Kino +4

Material: ausgedientes Aquarium aus Kunststoff oder Glas (ca. 20 Liter) oder ein ähnliches Gefäß, Komposterde, ca. 15–30 Regenwürmer, Rasenschnitt, Kaffeesatz, Obst- und Gemüseschalen

Das Gefäß bis etwa 5 cm unter den Rand mit frischer Komposterde füllen. Dann ca. 30 Regenwürmer auf die Oberfläche legen und mit Rasenschnitt, Blättern, etwas Kaffeesatz und eventuell ein paar Obst- und Gemüseschalen bedecken. Die Zusätze können variiert werden um festzustellen, welches Material Regenwürmer gerne fressen. Danach wird das Terrarium mit einem Deckel, Tablett o.ä. abgedeckt und an einen ruhigen, dunklen Ort gestellt.

Je nach Temperatur muss das Terrarium alle 2–4 Tage belüftet und eventuell mit einer Sprühflasche wenig befeuchtet werden. Gleichzeitig sollte das Abdeckmaterial (Regenwurmfutter!) auf Schimmelbildung hin kontrolliert und ggf. ausgetauscht werden.

Mit den Kindern werden folgende Experimente durchgeführt:

- Die Kinder betrachten Regenwürmer durch die Lupe und stellen fest, dass sie kleine Borsten haben.
- Die Kinder lassen einen Regenwurm über ihr Handgelenk kriechen und stellen fest, dass es kitzelt.
- Kriecht ein Regenwurm über ein Blatt Papier, hört man wie seine Borsten rascheln.
- Wie kriecht ein Regenwurm? Er macht sich dabei erst dünn, dann dick und zieht den Hinterleib nach vorn.
- Einen Regenwurm auf eine flache Glasschale legen und mit einem Pinsel vorsichtig erst an einem Ende dann am anderen Ende berühren. Das Ende, das sich schneller zurückzieht, ist das Hinterteil des Regenwurms. Denn der Regenwurm, der seinen Kopf in die Erde bohrt, muss sein Hinterteil schneller verschwinden lassen, bevor ein Vogel ihn erwischt.

Formen und gestalten mit Ton

+5

Material: Modellierton (10 kg-Beutel im Fachhandel erhältlich), Nylonschlinge (Nylonfaden an zwei Rundhölzern befestigen), Holzbretter, Sprühflasche mit Wasser, Rundholz, weitere Werkzeuge wie Besteck, Nudelholz, Teigrädchen, Knoblauchpresse etc.

Bei Ton ist es sehr wichtig, auf die richtige Lagerung zu achten. Für einen kurzen Zeitraum kann er mit feuchten Tüchern und in einer Plastikfolie frisch gehalten werden. Bei größeren Mengen ist es empfehlenswert, ihn in einem Eimer mit Deckel zu lagern, damit er nicht austrocknet. In diesem Fall sollte man dann auf das feuchte Tuch verzichten, da es sonst schimmeln könnte.

Vulkan: Aus einem vier Fäuste großen Tonklumpen gestalten die Kinder einen Vulkan. Dafür wird ein Blumentopf mit einer Plastikfolie abgedeckt und mit der großen Öffnung nach unten aufgestellt. Vom großen Tonklumpen zupfen die Kinder Teile ab und bedecken den Blumentopf damit rundherum, sodass nur noch eine kleine Krateröffnung freibleibt. Der Vulkan wird später auf eine feuerfeste Unterlage gestellt und für einen Ausbruch steckt man eine Wunderkerze in das kleine Loch.

Pflanzschale, Blumentopf, Vogeltränke: Jedes Kind erhält eine dünne Tonscheibe (mit der Nylonschlinge vom Tonblock abschneiden), aus der eine Kugel geformt wird. Danach wird mit den Händen auf der Tischplatte eine Walze gerollt, aus der ein möglichst gleichmäßig starker Wulst entsteht. Dieser Wulst wird spiralförmig bis zur gewünschten Größe des Bodenstücks gelegt. Diese „Ringelscheibe" muss nun mit den Fingern auf beiden Seiten sorgfältig glattgestrichen werden. Danach beginnt der Aufbau. Der nächste Tonwulst wird am Rande der Scheibe aufgesetzt und fortlaufend spiralförmig in die Höhe geführt, wobei jeder neue Wulst einfach am Ende des alten angesetzt wird. Wie bei dem Bodenstück werden auch die Wülste der Wandung innen und außen glatt verstrichen.
Kleine Schälchen, sog. *Daumenschälchen* können auch aus einer Tonkugel gleichmäßig mit Daumen und Zeigefinger von innen und außen zu einer Schale gedrückt werden.
Nach der Herstellung müssen die Schalen 7 bis 10 Tage langsam trocknen. bevor sie gebrannt werden können.

Kerzenständer: Aus einem faustgroßen Klumpen Ton wird eine Kugel geformt und mit einem Rundholz eine Vertiefung für die Kerze hineingedrückt.

Abdruck-Bilder: Ton weichkneten und mit einem Nudelholz ausrollen. Hände, Füße oder Blätter mit stärkeren Blattadern (z. B. Eiche, Kastanie, Ahorn) aufdrücken und abziehen. Ca. 1–2 Wochen an der Luft trocknen lassen. Falls der Abdruck später als Bild aufgehängt werden soll, muss vor dem Brennen ein Loch in den Ton gebohrt werden.

Insektenhotel: In einen Tonblock (Ziegelsteingröße) werden mithilfe von langen Stiften oder Nägeln Löcher mit einem Durchmesser von 2 bis 10 mm und einer Tiefe von 5 bis 10 mm gebohrt. Vor dem Trocknen und Brennen ebenfalls zwei Löcher zum Aufhängen anbringen.
Diese Nisthilfe aus Ton wird bevorzugt von Solitärbienen, -hummeln und -wespen angenommen, also von Insekten, die keine Staaten bilden.

Erdgeister

+5

Material: Lehm aus dem Wald (evtl. den Förster fragen oder unter entwurzelten Bäumen nachschauen), kleine Steine, Moos, Zweige, Zapfen

Aus dem feuchten, selbst gesammelten Lehm formen die Kinder Erdgeister, die sie mit verschiedenen Naturmaterialien lebendig ausschmücken.

Schon gewusst?
Lehm hat im Unterschied zu Ton größere Gesteinspartikel. Dadurch ist er stabiler und nicht so wasserundurchlässig wie Ton, im feuchten Zustand formbarer und in getrocknetem Zustand fester. Bei Wasserzugabe quillt Lehm, beim Trocknen schwindet oder schrumpft er.

Kugelbahn

+5

Material: große Glasmurmeln, lehmige Erde

Alle bauen zusammen einen möglichst hohen Berg. Er wird gut befeuchtet und festgeklopft. Die Kinder graben spiralförmig um den Berg herum eine Bahn: am besten mit zwei Fingern herumfahren, die Bahn befeuchten und festklopfen. Nun können die Murmeln auf der Bahn hinunterrollen.

Sandfarben

+6

Material: heller Quarzsand (gereinigt und gesiebt) oder Vogelsand, Teller, Sieb, Wasser, Salz, Löffel, Lebensmittelfarbe, Ostereierfarbe, Batikfarbe oder farbige Beize

Ein Teil Sand und ein Teil Salz in einem tiefen Teller mit einem Löffel vermischen, die gewählte Farbe nach Anleitung in wenig Wasser auflösen und über das Salz-Sand-Gemisch gießen. Nun wieder gut durchmischen und an einen warmen Ort zum Trocknen stellen. Mit den anderen Farben ebenso verfahren. Die gut durchgetrockneten Sandfarben in verschraubbare Gläser geben und aufbewahren.

Tipp: Im Fachhandel gibt es auch spezielle Sandmalstifte, mit denen Motive sehr exakt gemalt werden können.

Hier ein paar Vorschläge für Aktionen mit gefärbtem Sand:

- Mandala-Motive: Von innen nach außen wird auf eine ebene Oberfläche ein Motiv aus fantasievollen Formen, die sich in verschiedenen Farben wiederholen, gestaltet.
- Sandbilder: Direkt im Freien auf den Boden gestreut, können auch großflächige Bilder entstehen, die sich im Laufe der Zeit durch den Einfluss von Wind und Wetter verändern.
- Farbige Sandmuster: Eine Schicht Sand in ein hohes Glas (z. B. ein Würstchenglas) schütten und eine Kugel am Bindfaden direkt am Glasrand darauflegen. Der Faden hängt über den Rand des Glases. Eine weitere Schicht Sand aufschütten und abermals eine oder zwei Kugeln am Rand anbringen. So fortfahren, bis das Glas mit bunten Sandschichten und vielen Holzkugeln gefüllt ist. Werden die Holzkugeln vorsichtig an den Fäden aus dem Glas gezogen, kann man sehen, wie schön sich die Sandfarben vermischen.
- Spuren ziehen: Einen flachen Sandkreis, der wie ein Kuchen aus unterschiedlich farbigen Sandstücken besteht, auf dem Boden gestalten. Eine Holzkugel an einer Schnur über dem Kuchen kreisen lassen und so weit absenken, dass die Kugel über den Sand streift und Spuren hinterlässt.

Sand-Kleisterbild +6

Material: Sand (Vogelsand), Papier, Kleister, 2 Gläser, Löffel, Wasserfarben, Pinsel, Zeitungen

Einen gehäuften Teelöffel Kleisterpulver in ein Glas kaltes Wasser einrühren, den Kleister nach 2 bis 3 Min. noch einmal umrühren, 20 Min. stehen lassen und nochmals umrühren.
Für ein Blatt Papier nimmt man ca. 6 Teelöffel von dem angerührten Kleister ab und rührt 4 Esslöffel Sand unter. Den Kleistersand mit einem Pinsel auf das Papier streichen und an einem warmen Platz ca. 5 Stunden trocknen lassen. Danach wird das Blatt beliebig mit Wasserfarben bemalt.

Tipp: Damit sich die fertigen Sandbilder nicht wellen, sollten sie mehrere Stunden in einer Zeitung unter einem Stapel Bücher trocknen.

Boden fühlen +5

Material: 5 Gefäße oder Fühlkartons, Sand, Lehm, Gartenerde, Torf, Ton

Die fünf verschiedene Bodenarten werden in Gefäße oder Fühlkartons gefüllt. Ohne hinzuschauen, allein durch Zerreiben von Bodenbestandteilen zwischen den Fingerspitzen können Kinder die Unterschiede der wichtigsten Bodenarten ertasten, z. B. „Woran kann man Sand, Lehm oder Torf erkennen?"

Maulwurf auf Würmerjagd +6

Material: Seile

Ein Mitspieler ist der Maulwurf, der auf Würmerjagd geht. Die anderen Spieler halten je ein Seil in der Hand, das sie als Würmer über dem Boden hinter sich her schlängeln. Der Maulwurf versucht einen Wurm zu fangen, indem er mit den Füßen auf ein Seil tritt. Der Spieler, dessen Wurm zuerst gefangen wurde, ist der nächste Maulwurf.

Erdfarben selbermachen +6

Material: verschiedene Bodenarten, Steine, Asche, Gips, Kreide, Sand, Ziegel usw.; großer, flacher Stein, Mörser, Becher, Gläser, Kaffeesiebe, alte Zahnbürsten, Spachtel, Hammer, Löffel, Gabel, Joghurt, Speiseöl, Weißleim (Binder), verschiedene Pinsel, festes, saugfähiges Papier, Zeitungen zum Abdecken

Um Erdfarben herzustellen, müssen zunächst verschiedene Bodenarten gesammelt und getrocknet werden. Mit einem flachen Stein oder mithilfe des Mörsers werden die gesammelten Naturmaterialien fein gemahlen und gesiebt. Dann wird aus den drei verschiedenen Grundstoffen der Binder gemischt: Milch, Quark, Joghurt oder Eiweiß macht die zukünftige Farbe dickflüssig, Speise- oder Leinöl verleiht Elastizität und durch Mehl oder Weißleim wird die Farbe hart. Von jedem Grundstoff wird eine Variante ausgewählt und gut verrührt. Anschließend wird dem Binder so viel Farbpulver zugefügt, dass eine zähflüssige Masse entsteht. Wenn die Masse zu zähflüssig ist, kann der Farbbrei mit Wasser verdünnt werden. Nun kann gemalt werden.

Tipp: Das Farbpulver kann in gut verschlossenen Behältern, z. B. alte Marmeladengläser aufbewahrt werden. Nicht zu viel Öl in den Binder mischen, da sonst Fettflecke auf dem Papier entstehen.

Sandschlangen +5

Material: pro Spieler 6 flache Steine, Permanentstifte

Jeder sucht sich sechs flache Steine und bemalt sie mit Punkten von eins bis sechs. Die Steine werden als Schlangen – nach Punktezahl geordnet – auf den Sand gelegt. Nun wird der Reihe nach gewürfelt. Jeder darf den Teil seiner Schlange mit Sand bedecken, der der gewürfelten Augenzahl entspricht. Wessen Schlange ist als erste ganz unter dem Sand verschwunden?

Erdmut, der Maulwurf

+4

Die Spieler führen passende Bewegungen zum Liedtext aus.

Melodie: Ich bin ein kleiner Hampelmann, Text: Brigitte vom Wege

1. Ich bin Erdmut vom Grabeland,
   als Maulwurf überall bekannt.
   Refrain: Grab links herum, grab rechtsherum,
   buddel, buddel, buddel, buddel auch mal schief und krumm
   und manchmal geradeaus.

2. Tief in der Erde ist mein Heim,
   dort wohne ich so ganz allein.
   Refrain: Grab links herum, ...

3. Mein Fell ist schwarz und sammetweich,
   hab Pfoten einem Bagger gleich.
   Refrain: Grab links herum, ...

4. Ich bin fast blind, doch hör ich viel,
   ich lausche gern dem Grillenspiel.
   Refrain: Grab links herum, ...

5. Die Asseln und das Mausetier,
   die nehmen schnell reißaus vor mir.
   Refrain: Grab links herum, ...

6. Ich werfe gerne Hügel auf,
   doch schon kommst du und
   trittst darauf.
   Refrain: Grab links herum, ...

7. Heut Nacht lädt mich das Wiesel ein,
   zu Würmerbrei und Schneckenschleim.
   Refrain: Grab links herum, ...

Vogel und Regenwurm

+5

Die Kinder liegen als Regenwürmer im Kreis auf dem Bauch und halten sich an den Händen fest. Ein Kind beginnt als Vogel einen Regenwurm aus dem Wurmhaufen herauszuziehen. Doch die Regenwürmer wollen sich nicht fressen lassen und halten sich ganz fest. Gelingt es dem Vogel einen Regenwurm herauszuziehen, muss sich der Kreis erst wieder schließen bevor weitergezogen werden darf. Alle herausgezogenen Regenwürmer verwandeln sich sogleich in Vögel, die ebenfalls Regenwürmer herausziehen wollen.

Finger im Sand

+3

Material: Sand

Die Finger einer Hand führen die passenden Bewegungen zum Text aus.

Fünf Finger sind an jeder Hand.
Fünf Finger graben heut im Sand:
Der Daumen heißt Herr Dickemann,
der dicke Löcher bohren kann.
Der Zeigefinger „Krümmdichdoch“,
der bohrt ein langes, dünnes Loch.
Der Mittelfinger ist Herr Klein,
der bohrt das tiefste Loch hinein.
Der Ringfinger heißt Herr Charmant,
drückt flink ein Löchlein in den Sand.
Der kleine Finger Schubidu,
der schüttet alle Löcher zu.

Fußparcours

+4

Material: grobe Kiesel, feiner Kies, Lehm, Gartenerde, Torf, Sägemehl, Rindenmulch, heller Sand, dunkler Sand, Laub, Moos, Gras, Augenbinden

Gemeinsam wird im Außengelände des Kindergartens ein Fußparcours angelegt, auf dem die Fühlmaterialien verteilt werden. Es reicht für jeden Belag eine Strecke von 1 bis 2 Metern.

Die Kinder ziehen Schuhe und Strümpfe aus, lassen sich die Augen verbinden und gehen vorsichtig über den Fühlweg. Jüngere Kinder, die sich nicht die Augen verbinden lassen möchten, können die Augen schließen und sich durch ein älteres Kind oder einen Erwachsenen führen lassen.

Welche Fühlerlebnisse machen die Kinder? Welcher Boden fühlt sich hart an, welcher weich, welcher kitzelt die Fußsohle, welcher ist besonders warm? Wie fühlt sich der Boden an, wenn es geregnet hat? Welcher Boden ist schnell trocken, welcher matschig?

Variation: Die Kinder raten, über welchen Boden sie laufen.

Die Erde lebt

+6

Material: Becherlupe, Teil eines Apfelsinennetzes, Blumendraht, kleine Schaufel, ein Stöckchen, helle Kartons, Papier

Den Blumendraht kreisförmig zusammenbiegen und das Apfelsinennetz darüber spannen, sodass ein Sieb entsteht (dabei hilft evtl. ein Erwachsener). Auf dem Außengelände des Kindergartens holen die Kinder an verschiedenen Stellen eine Schaufel voll Erde, z. B. im Gemüse- oder Blumenbeet, im Komposthaufen, unter Büschen und Steinen. Jeweils ein Teil der Erdprobe wird durch das Sieb in den Karton geschüttet und mit einem Stöckchen vorsichtig nach Lebewesen gesucht. Die gefundenen Tierchen mit einem Stück Papier behutsam aufheben und in die Becherlupe stecken. Die Becherlupen im Schatten halten und die Tiere am Fangort später wieder freilassen. Welche Tiere sind es? Wo werden die meisten Tiere gefunden?

Schon gewusst?
Die meisten Tiere entdeckt man im halb vermoderten Kompost, unter Laub und unter Steinplatten. Unter einer Asphalt- oder Betondecke stirbt das Bodenleben. Alle Erdtierchen sind an der Bildung von Humuserde beteiligt.

Auf unserer Wiese gehet was

Wiesenforscher und Entdecker

Einfacher grüner Rasen oder blumenübersäte Wiese: Was ist wohl interessanter und spannender, welcher Erfahrungsraum bietet mehr Artenvielfalt und und was gibt es dort wohl alles zu entdecken?

Weide, Rasen oder Wiese?

Schön ist eine bunte Wiese,
doch die Sache, die ist diese:
dass sie nur dann schön sein kann,
wenn sie schützt ein jedermann.

Dann erst können Bienen summen
und die dicken Hummeln brummen.
Dann erst gibt es Schmetterlinge
und noch viele and're Dinge.

Bunte Käfer, Raupen, Schnecken
können sich im Gras verstecken,
und die Spitzmaus, ja die kleine
läuft uns flugs durch uns're Beine.

Wenn das alles bleiben soll,
ja das wäre wirklich toll,
müssen wir die alle schonen,
die auf uns'rer Wiese wohnen!

Autor unbekannt

Worin besteht der Unterschied zwischen einer Weide, einem Rasen und einer Wiese?

Die Weide braucht der Bauer für sein Vieh als Grünfutter. Sind allerdings zu viele Kühe im Sommer auf der Weide, kann das zu einer übermäßig starken Düngung führen. Die feinen Futtergräser bilden sich zurück und minderwertige Grassorten breiten sich aus. Die Kühe fressen dieses Gras aber nicht, sodass der Bauer möglicherweise nach neuen Weideflächen suchen muss.

Die Mähwiese wird im Gegensatz zur Weide nicht durch das Grasen von Vieh, sondern durch Mähen von Gras zur Erzeugung von Heu oder Grassilage genutzt. Durch das regelmäßige Mähen wird die Verbuschung und anschließende Waldentstehung verhindert.

Die Sumpf- oder Feuchtwiese ist vorwiegend von mannshohen Gräsern und Seggen bewachsen. Da die Sumpfwiese je nach Grundwasserspiegel und Regenfällen zeitweise überschwemmt ist, leben hier besonders gerne Frösche, Wasservögel und eine Vielzahl von Insekten.

Der Rasen besteht aus Gräsern, die durch Wurzeln und Ausläufer mit dem Erdreich verbunden sind. Er wird meist kurz geschnitten. Wir finden ihn in Gärten, Parks oder Sportanlagen. Zum Spielen ist der Rasen bestens geeignet, für Tier- und Pflanzenarten jedoch kaum, allenfalls hat das Gänseblümchen hier noch eine Überlebensmöglichkeit.

Die Blumenwiese ist eine artenreiche Wiese mit vielen blühenden Pflanzen und Gräsern, z. B. Spitzwegerich, Löwenzahn, Frauenmantel, Wiesenklee, Wilde Möhre, Gänseblümchen, Hirtentäschel. Eine natürliche Blumenwiese entsteht, wenn sie nur ein- bis zweimal im Jahr abgemäht wird. Je weniger sie gedüngt wird, umso artenreicher ist sie.

Die Blumenwiese kann in vier „Stockwerke“ eingeteilt werden:

- Das „Blütenstockwerk“ mit Nektar und Blütenpollen ernährt z. B. Hummeln, Schmetterlinge, Schwebefliegen und Weichkäfer.
- Das „Blätter- und Stengelstockwerk“ ernährt Insekten, die von Grünfutter leben, z. B. Heuschrecken, Schmetterlingsraupen, Blattläuse und Marienkäfer.
- Das „Erdstockwerk“ ist durch die hohen Gräser geschützt, feucht und kühl. Hier verstecken sich gerne der Grasfrosch, viele Käfer und Schnecken.
- Im „Kellerstockwerk“ leben eine Menge kleiner Tiere, die sich von Pflanzenwurzeln, altem Gras und alten Blättern oder Würmern und Insekten ernähren, z. B. Grillen, Feldmäuse, Regenwürmer und Maulwürfe.

Achtung Zecken!
Bei Wiesenbesuchen unbedingt feste Schuhe und lange Hosen anziehen.

Löwenzahn-Wasserleitung

+5

Material: 2–3 kräftige Löwenzahnstängel, 2 ausgepresste Hälften einer Zitronenschale, Handbohrer, Wasser, ggf. Knete

Die Kinder bohren in die Mitte zweier Zitronenschalenhälften mit dem Handbohrer ein kleines Loch. Zwei bis drei hohle Löwenzahlstängel werden als Wasserleitung ineinander gesteckt und die jeweiligen Enden in die Löcher der Zitronenschalen. Etwas Wasser wird in die obere Zitronenschale gegossen und fließt durch die Löwenzahn-Wasserleitung in die untere Zitronenschale. Falls die Verbindungen von Löwenzahnstängel und Zitronenschale undicht ist, können sie zusätzlich mit Knete abgedichtet werden. Die Kinder entdecken, dass Löwenzahnstängel innen hohl sind und am unteren Ende dicker als am oberen sind.

Kuckucksspucke

+5

Wenn die Kinder an Wiesenpflanzen schaumähnliche Gebilde finden, fragen sie sich: „Wer hat hier hingespuckt?" Niemand, auch nicht der Kuckuck, obwohl die Schaumklümpchen so heißen. Sie untersuchen das Schaumgebilde und entdecken eine kleine Larve. Setzen sie diese kleine Larve nun auf eine andere Pflanze, baut sie sofort ein neues „Schaumhaus".

Schon gewusst?
Besonders an Wiesenschaumkraut und Kuckuckslichtnelken findet man den „Kuckucksspeichel", hervorgerufen durch eine kleine Larve, die den Pflanzenstängel anbohrt, ihn mit Ausscheidungen zu einer seifenartigen Lösung mischt und diese durch Luftblasen zum Schäumen bringt. Durch dieses „Schaumhaus" schützt sich die Larve vor Raubinsekten, Vögeln und der Sonne. Aus der Larve schlüpft später die Schaumzikade, die der Heuschrecke sehr ähnelt und zu den besten „Hochspringern" zählt.

Wiese im Zapfen +4

Material: große Fichten- oder Kiefernzapfen, Sand, Grassamen, Bindfaden

Durch die Spitze eines Zapfens wird ein Bindfaden gezogen, damit er später aufgehängt werden kann. Sand und Grassamen mischen, zwischen die Zapfenschuppen stecken und aufhängen. Schon nach kurzer Zeit können die Kinder beobachten, wie das Gras aus den Zapfen sprießt.

Wiesensocke +5

Material: pro Kind ein Paar alte, helle Wollsocken, Lupe, kleine Plastiktüten, Blumenkästen, Blumenerde

Im Sommer und Frühherbst steht die Wiese voller fruchtender Pflanzen und es ist leicht, auf die folgende Weise Samen zu bekommen: Jedes Kind zieht ein Paar alte, helle Wollsocken an und läuft mit ihnen über die Wiese, sodass sich die Samen in den Socken verfangen. Die Kinder ziehen die Socken aus, zupfen die Samen ab und legen sie in ihre Plastiktütchen. Im Kindergarten können die Samen mit der Lupe betrachtet werden. Anschließend pflanzt jedes Kind seine Samen in einen Blumenkasten. Die Blumenkästen werden an einen sonnigen Platz gestellt und von den Kindern regelmäßig gegossen.
Schon nach kurzer Zeit zeigen sich die ersten Wiesenpflanzen, die von den Kindern in einem Pflanztagebuch durch Fotos oder gemalte Bilder festgehalten werden können.

Wiesenforscher

+6

Material: pro Team eine Lupe, Becherlupen und Forscherkarten, Stempel und Stempelkissen oder Stift zum Ankreuzen

Die kleinen Wiesenforscher werden in 2er- oder 3er-Gruppen eingeteilt und mit einer Lupe, Becherlupe und Forscherkarte ausgestattet. Auf der Forscherkarte sind mehrere Tier- und Insektenarten abgebildet, die auf einer Wiese zu finden sind (z. B. Ameise, Marienkäfer, Grashüpfer, Raupe). Die Kinder haben die Aufgabe, so viele kleine Tiere wie möglich an den Pflanzen zu entdecken. Dabei sollen sie die Insekten am besten mit der Lupe betrachten, um sie nicht zu verletzen oder behutsam mit dem Deckel in den Becher schieben und durch die Deckellupe beobachten. Es sollte jeweils nur ein Tier in das Glas gesetzt werden, allerdings keine Schnecke, da der Schleim in der Becherlupe festklebt.
Haben die Wiesenforscher ein Tier entdeckt, gehen sie mit ihrer Forscherkarte zu der Erzieherin, die einen Vermerk an der entsprechenden Abbildung macht.
Nach einer vorher verabredeten Zeit (max. 60 Minuten) kommen alle im Kreis zusammen und erzählen von ihren Entdeckungen.

Folgende Fragen können erörtert werden:

- Welche Tiere wurden entdeckt? Wie viele Beine/Flügel haben sie?
- Welche Tiere haben einen Panzer?
- Welche Tiere fliegen, krabbeln und kriechen?
- Welche Tiere fliegen welche Blumen an?
- Welche Tierspuren wurden entdeckt?
- Was fressen sie?
- Von wem werden sie gefressen?
- Wo leben sie?

Tipp: Insekten können auch mit Sirup, Apfelmus oder Malzbier angelockt werden. Anfliegende Insekten genau beobachten und anschließend malen.

Wer hat auf diese Blätter gekritzelt? +6

Material: pro Kind eine Lupe, Materialien zum Blätterpressen, Stifte und Papier

Die Kinder versuchen an Kleeblättern oder Gräsern „Gangminen“ zu entdecken, das sind Schlangenlinien, Flecke und/oder blasenförmige Gebild. Die Frage ist: „Wer hat auf diese Blätter gekritzelt?“ Oder: „Welches Tier hat diese Spur hinterlassen?“ Mit einer Lupe können die Kinder die Fraßspuren der „Minierer“ beobachten und herausfinden, ob die Larven noch in den Blättern zu finden sind.

Später werden diese Blätter gesammelt und gepresst, die verschiedenen Formen der „Gangminen“ verglichen und evtl. gezeichnet.

Schon gewusst?
Im Spätsommer sind die Fraßspuren der Miniermotten und Minierfliegen auf Blättern und Gräsern zu sehen. Die winzig kleinen Raupen „minieren“ in den Blättern, das heißt, sie fressen Gänge in das Blattgewebe. Mit zunehmender Größe der Raupen werden auch die Minen weiter.

Löwenzahn-Perlen +5

Material: Löwenzahnstängel, Schere, Glas Wasser, Faden

Die Stängel in 2–3 cm lange Stücke schneiden, an den Enden mehrmals einschneiden und eine Zeitlang ins Wasser legen. Die Enden kräuseln sich, sodass Perlen entstehen, die als Kette auf einen Faden gezogen werden können.
Die Innenseite der Stängel quellen im Wasser stärker auf als die Außenseite.

Blumenwiese im Gummistiefel +4

Material: ein paar alte Gummistiefel, Permanentstifte, bunte Bastbänder, Blumenerde, Samenmischung Blumenwiese

Die Gummistiefel beliebig mit Permanentstiften anmalen. Falls sie noch dicht sind, mit einem Dorn Löcher in die Sohlen stechen, um Staunässe zu verhindern. Dann die Stiefel mit Blumenerde füllen, Blumenwiesensamen einstreuen, leicht mit Erde abdecken und gießen.

Der obere Rand der Gummistiefel kann noch mit bunten Bastbändern geschmückt werden.

Tipp: Die mit Erde gefüllten Gummistiefel können auch ohne Samen nach draußen gestellt werden. Durch den Samenflug anderer Pflanzen entsteht eine kleine Wiese im Gummistiefel ganz von allein.

Hut für Wiesenfeen und Wiesenwichtel +6

Material: Tonpapier, Filzstifte, Faden, Hefter, Bast, Schere, Tesafilm, Klebestift, feiner Blumendraht, Grashalme, Wiesenblumen

Der Grundriss des Hutes gleicht einer Schultüte. Dafür einen Faden an einen Stift knoten, den Faden an der unteren Ecke des Tonpapiers mit dem Zeigefinger festhalten und mit dem Stift einen Halbkreis aufmalen. Ausschneiden und mit kleinen Einschnitten versehen, in die später die Wiesenblumen gesteckt werden. Den ausgeschnittenen Halbkreis wie eine Tüte für die jeweilige Kopfgröße zusammenheften (übernimmt ein Erwachsener).
Auf der Wiese pflücken bzw. sammeln die Kinder Materialien, die sie mit Blumendraht oder Bast an oder in ihre Hüte stecken. Zusätzlich können sie ihre Hüte mit Filzstiften bemalen.

Löwenzahn-Kette

+5

Material: lange Löwenzahnstängel

Zunächst müssen die Kinder das unten stehende Rätsel lösen. Anschließend beginnen sie mit der Löwenzahnkette. Hierfür wird das dünne Ende des Löwenzahnstängels in das dicke gesteckt, sodass ein Ring entsteht. Dann den nächsten Stängel durch den Ring ziehen und die Enden ineinander stecken. Dies solange wiederholen, bis die Kette ausreichend lang ist und man die Kette über den Kopf ziehen kann.

Rätsel
Warum sind Löwenzahnblüten gelb?
Das weiß jedes Kind.
Weil Löwenzahnblüten Briefkästen sind.
Wer hat die Briefkästen aufgestellt?
Die grasgrüne Wiese.
Sie steckt in die Briefkästen all ihre Grüße.
Wem werden die Grüße zugestellt?
Das weiß jedes Kind.
Briefträger sind Biene und Kind.

Grüne-Gräser-Grete

+5

Material: alter Nylonstrumpf, Schnur, 2 Esslöffel Grassamen, Blumenerde

In die Strumpfspitze eines ausgedienten Nylonstrumpfs zwei Esslöffel Grassamen füllen, anschließend so viel Blumenerde hineingeben, dass ein faustgroßer Kopf entsteht. Mit einem Stück Schnur abbinden, auf ein mit Wasser gefülltes Glas setzen und auf die Fensterbank stellen. Schon nach einigen Tagen wachsen der „Gräser-Grete“ grüne Haare.

Tipp: Selbstverständlich kann die „Gräser-Grete“ auch noch ein Gesicht bekommen, das mit einem Faserstift aufgemalt werden kann.

Wer hat hier denn hingespuckt? +4

Material: Plastikunterlage, Seifenschaum

Die Kinder sitzen im Kreis. In der Mitte liegt auf einer Plastikunterlage Seifenschaum. Mit erhobenem Zeigefinger sprechen die Kinder die erste Strophe. Danach taucht jedes Kind seinen Zeigefinger in den Seifenschaum, sodass er nicht mehr zu sehen ist. Die zweite Strophe wird gesprochen. Bei der dritten Strophe ziehen die Kinder ihre Zeigefinger aus dem Seifenschaum heraus, wischen ihn ab und versuchen aus der Hocke heraus möglichst hoch zu springen.

Text: Brigitte vom Wege

1. „Wer hat hier denn hingespuckt?
Hat denn niemand hingeguckt?
Ist ja wirklich unerhört!",
schimpft die Wiesenfee empört.

2. Eine Made klitzeklein
Hüllt' sich in die Spucke ein.
Hat sich super gut versteckt,
wird von Vögeln nicht entdeckt.

3. Doch nach sechs bis sieben Tagen
Will sie sich nach draußen wagen.
Aber jetzt ist's keine Made,
sondern eine Schaumzikade.

Imse Bimse Spinne +3

Pantomimisches Singspiel auf die Melodie von: *Spannenlanger Hansel*

Imse Bimse Spinne,	*Zwischen Daumen und Zeigefinger einen Faden halten.*
wie lang dein Faden ist.	*Imaginären Faden halten und auseinander ziehen.*
Da kam der große Regen	
und der Faden riss.	*Durch einen kurzen Ruck den Faden abreißen lassen.*
Dann kam die liebe Sonne,	
leckt den Regen auf.	*Mit den Fingern den Regen darstellen.*
Imse Bimse Spinne	
kletterst wieder rauf.	*Die Hand als Spinne nach oben klettern lassen.*

Blumenkränzchen aus Gänseblümchen

+6

Material: langstielige Gänseblümchen

Zuerst pflückt man möglichst langstielige Gänseblümchen. Dann nimmt man die erste Blume und ritzt mit dem Daumennagel vorsichtig einen Spalt in den Stängel. In diesen schiebt man eine weitere Blume. Nun wieder mit dem Daumennagel einen Spalt in den Stängel ritzen. So lange wiederholen, bis der Kranz groß genug ist!

Schmetterling, du kleines Ding

+3

Material: Tücher; bunte Bänder

Ein Kind steht als Schmetterling in der Mitte des Kreises. Gemeinsam wird das Lied gesungen. Nach den ersten zwei Zeilen sucht sich das Kind einen Mitspieler aus. Beide fassen sich nun an den Händen und tanzen zum Lied. Nach jeder Spielrunde verdoppelt sich die Anzahl der Mitspieler, sodass zum Schluss alle als Schmetterlinge tanzen.

Text und Melodie: volkstümlich

Von der Raupe zum Schmetterling +4

Ein Fingerspiel, das alle Kinder zum laut gesprochenen Vers darstellen.

Im hohen Grase, oh wie nett,	*Linken Unterarm aufstellen, Finger spreizen.*
kriecht eine Raupe, dick und fett!	*Zeigefinger krabbelt am Arm hoch.*
Sie frisst ein Blatt und noch ein Blatt,	*Zeigefinger berührt die Finger*
bis sie sich satt gefressen hat.	*der linken Hand.*
Und ist der Sommer dann vorbei,	*Finger bilden eine Faust.*
dann schläft sie bis zum nächsten Mai!	*Rechter Zeigefinger kriecht in die linke Faust.*
Chhhhhhh – chhhhhh – chhhh – …	*Leise schnarchen.*
Ganz langsam kriecht sie nun heraus,	*Zeigefinger kriecht aus der linken*
aus ihrem Raupenpuppenhaus.	*Faust wieder heraus.*
„So seht“, ruft sie, „wie ich da drin	
zum Schmetterling geworden bin“,	*Beide Daumen nebeneinander legen.*
und breitet ihre Flügel aus,	*Mit den übrigen Fingern*
und fliegt jetzt in die Welt hinaus.	*Flugbewegungen machen.*

Blumenwiese +5

Material: Triangel

Die Erzieherin schlägt die Triangel an und erzählt die folgende Geschichte. Die Kinder stellen dabei die Blumen dar.

Auf der großen Blumenwiese wachsen viele große Blumen. In der Nacht schlafen die Blumen (die Kinder legen sich zusammengekauert auf dem Boden). Sobald die Sonne am Morgen langsam ihre warmen Strahlen schickt, erwachen die Blumen und öffnen langsam ihre Blütenblätter (die Kinder blinzeln verschlafen, recken und strecken sich, stehen langsam auf und öffnen ihre Arme). Den ganzen Tag freuen sich die Blumen über die Bienen, Schmetterlinge, die Spaziergänger, die die schönen Blumenblätter streicheln (die Kinder beginnen zu tanzen). Am Abend, wenn die Sonne langsam wieder untergeht, legen sich auch die Blumen langsam wieder schlafen und schließen ihre Knospen (die Kinder legen sich wieder auf den Boden).

Klettenfangen

+5

Alle Kinder sind Kletten und laufen auf einer abgegrenzten Wiesenfläche oder in einem Bewegungsraum umher. Ein Kind ist der Fänger. Berührt er eine andere Klette, bleiben sie aneinander kleben und müssen zu zweit weiterlaufen. Jede weitere berührte Klette bleibt ebenfalls kleben und muss mitlaufen. Die Klette, die als letzte übrig bleibt, wird in der nächsten Spielrunde zum Fänger.

Aus der Erde wächst das Gras

+4

Die Spielleitung sagt den Vers auf und macht das Fingerspiel vor, alle Kinder machen es ihr nach.

Aus der Erde wächst das Gras,	*Rechte Hand, Finger zappeln von unten nach oben.*
Regen macht es pitschenass.	*Linke Hand, Finger zappeln von oben nach unten.*
Kommt der liebe Sonnenschein,	*Linke Hand, Finger spreizen.*
lockt hervor ein Blümelein.	*Rechte Hand, Fingerspitzen aneinander legen.*
Bald schon springt die Knospe auf,	*Hand etwas öffnen.*
setzt ein Schmetterling sich drauf.	*Linke Hand macht Flugbewegungen.*
Beide wiegen sich im Wind,	*Beide Hände gemeinsam hin und her bewegen.*
Falter flattert fort geschwind.	*Linke Hand hinter den Rücken.*
Nun ist das Blümelein allein,	
ruhig schläft es wieder ein.	*Rechte Hand schließen.*

Wir woll'n den Kranz binden +4

Die Kinder fassen sich zu einem Kreis an den Händen, singen zu einer Leiermelodie die erste Strophe und gehen dabei in eine Richtung. Bei jeder Wiederholung der ersten Strophe wird der Name eines Kindes genannt, das dabei seine Arme kreuzt und wieder seine beiden Nachbarn anfasst. Haben alle Kinder ihre Arme gekreuzt, wird die zweite Strophe gesungen und der „Kranz" aufgelöst.

1. Wir woll'n den Kranz binden,
so binden wir den Kranz.
Für die Anna, bunt und fein,
soll der Kranz gebunden sein.

2. Wir woll'n den Kranz lösen,
so lösen wir den Kranz.
Alle Kinder geh'n zum Tanz,
lösen auf den Blumenkranz.

Wiesen-Memory +6

Material: 2 Tücher, ca. 10 Wiesen-Materialien, z. B. Schneckenhaus, Kleeblatt, Gänseblümchen, Löwenzahnblatt, Spitzwegerich, Wiesenrispengras, etc.

Auf einem Tuch werden etwa 10 verschiedene Wiesen-Materialien ausgelegt und mit einem zweiten Tuch zugedeckt. Die Kinder versammeln sich um die Stelle. Für 30 Sekunden wird das obere Tuch weggenommen, sodass sich die Kinder die Dinge einprägen können. Ihre Aufgabe ist es nun, genau solche Sachen auf der Wiese zu suchen. Danach kommen alle wieder zusammen. Ein Gegenstand nach dem anderen wird unter dem Tuch hervorgeholt und geprüft, ob die Kindergruppe einen zweiten solchen Gegenstand gefunden hat.

Alle Vögel haben Federn

Daunen, Flugfedern und Federexperimente

Von schillernd bunt bis einfarbig weiß, von flaumig klein bis groß und robust – so unterschiedlich die Erscheinungsformen, so verschieden sind auch die Einsatzmöglichkeiten dieses wunderlichen Naturprodukts.

Flieg Vöglein flieg

Sie ist leicht und weich und fest,
der Vogel braucht sie für sein Nest,
zum Fliegen braucht's der Vogelschwarm,
auch hält sie alle Menschen warm,
sie sieht bunt aus, es kennt sie jeder,
die wundervolle ...
(Vogelfeder)

Alle Vogelarten verfügen über ein Federkleid. Am Aussehen und an der Anordnung der Federn kann jede Vogelart bestimmt werden. Aber nicht alle Vögel, die Federn haben, können auch fliegen, wie beispielsweise Strauß und Pinguin. Je nach Beschaffenheit, Farbe und Form erfüllen die einzelnen Federarten vielfältige Aufgaben. Weiche Daunenfedern bilden die unterste Federschicht auf dem Vogelkörper. Aus dem kaum sichtbaren Federkern wachsen strahlenförmig seidenweiche, kleine Federn mit feinen Verästelungen ohne Widerhäkchen, die viel Luft speichern können. Daunenfedern und die darüber liegenden Deckfedern schützen sie Vögel vor Witterungseinflüssen. Die größeren und breiteren Flugfedern an Flügeln und Schwanz ermöglichen es den Vögeln zu fliegen, mit ihnen steuern sie ihren Flug.

Alle Federn sind alle ähnlich aufgebaut, sie bestehen aus einem Federkiel (Federkern) aus dem feine Federhärchen (Federäste) wachsen, die miteinander verhakt sind und eine glatte Oberfläche bilden.

Farben und Zeichnungen der Federn haben bei den Vogelarten unterschiedliche Funktionen. Tarnfarben wie braun, grau oder gestreift dienen als natürlicher Schutz vor Feinden während ein ausgefallenes und farbenprächtiges Gefieder eher das Ziel hat, einen Partner anzulocken. An Größe, Farbe, Form, Struktur der meisten Federn kann man feststellen, welcher Vogelart (z. B. Elster, Ente, Eule) sie zuzuordnen ist.

Alle Vogelarten pflegen ihr Gefieder sehr gründlich mit dem Schnabel, sie baden sich im Sand oder auch im Wasser. Viele Singvögel (z. B. Kohlmeise und Haussperling) polstern ihre Brutnester mit Federn aus.
Von den Menschen wurden Federn auch immer schon immer benutzt, etwa als wärmende Schutzschicht im Daunenanorak oder Federbett, als Schmuckfeder an der Kleidung oder sogar als Staubwedel.

Schon gewusst?
Jährlich, in der Zeit der Mauser, verliert jeder Vogel seine Federn und es wachsen neue nach.

Pustefedern +4

Material: pro Spieler 3 feine Federn und 1 Trinkhalm

Jeder Spieler bekommt 1–3 feine Federn und pustet sie mit Hilfe des Trinkhalms über eine vorher festgelegte Fläche, z. B. über einen großen Tisch. Wie stark und wie oft muss man pusten, um schnell die eigenen Federn ans andere Ende der Fläche zu bekommen? Wie muss ich den Halm halten, damit die Feder nicht von der Fläche fliegt?

Tipp: Die älteren Kinder markieren z. B. mit Klebestreifen mehrere parallele Bahnen, legen Pusteregeln fest, starten ein Pusteturnier und ermitteln den Meisterpuster.

Federdetektive

+5

Material: Federn, Lupen

Jeder Spieler erhält eine Lupe und unterschiedliche Federn. Sie werden mit der Lupe genau untersucht und anschließend miteinander verglichen. Mögliche Beobachtungsaufgaben:

1. Wie sieht die Außenkante der Federn aus? Gibt es unterschiedliche Kantenmuster?
2. Wo ist der Federkiel? Wie sieht er aus? Wie fühlt er sich an?
3. Worin unterscheiden sich die Federhärchen auf beiden Seiten des Federkiels?
4. Wie fühlen sich die Federhärchen an?
5. Wie sind die Federhärchen miteinander verbunden?
6. Was passiert, wenn man die Federhärchen auseinander zieht?
7. Sind bei allen Federn die Federhärchen verbunden?

Federforscher

+5

Material: Federn

Zwei Spieler stehen in die Mitte und sehen sich für eine kurze Zeit eine ausgesuchte Feder genau an. Dabei versucht jeder, sich so viele Details wie möglich einzuprägen. Nach Ablauf der Zeit wird die Feder weggenommen. Reihum fragt jetzt die Gruppe abwechselnd einen der beiden nach Merkmalen des anderen, z. B. „Welche Farbe hat die Feder?" oder „Welche Größe hat die Feder?“ oder „Wie fühlt sie sich an?“ oder „Welches Muster hat sie?“ oder „Welcher Vogel hat sie verloren?“ usw. Wer die meisten Fragen richtig beantwortet hat, hat gewonnen.

Feder-Sortiermaschine

+6

Material: Schuhkarton mit Federn in verschiedenen Ausführungen (z. B. lang, kurz, farbig, gemustert, schwarz, weiß, weich, glatt, breit, schmal) mehrere Schuhkartondeckel, 2 Augenbinden

Alle Spieler benennen, untersuchen und prüfen die unterschiedlichen Federn im Schuhkarton. Zwei ausgewählte Spieler erhalten dann je eine Augenbinde und einen Schuhkartondeckel. Ein Spieler fordert z. B. „Nimm aus dem Karton eine weiche Feder." Oder: „Nimm aus dem Karton eine lange Feder." Die blinden Spieler sortieren die gewünschte Feder in ihren Schuhkartondeckel. Gewonnen hat der Sortierer, der die meisten Federn richtig zugeordnet hat.

Federpinsel

+6

Material: Federn, Ast oder Holzstab, Bindfaden oder Blumendraht, Fingerfarben, Malpapier

Die Federkiele mit einem Stück Bindfaden oder Blumendraht fest an einen stabilen Ast binden. Fingerfarben mit etwas Wasser anrühren, sie lassen sich besser von der Feder aufnehmen und vermalen. Mit diesem Pinsel auf Malpapier malen.

Federpaare

+6

Material: 10–15 Federpaare, 2 Schuhkartons mit Deckel, Cutter

Mit dem Cutter auf eine Seite jedes Schuhkartons ein faustgroßes Loch schneiden (mit Hilfe eines Erwachsenen). Die Federpaare trennen und auf die zwei Kartons verteilen, die Deckel schließen. Ein Spieler greift nun mit der Hand durch das Loch in den Karton, ergreift eine Feder und beschreibt sie, z. B.: „Die Feder ist kurz und flauschig." Der andere Spieler versucht nun die beschriebene Feder in seinem Karton zu ertasten. Beide ziehen dann die Feder aus dem Karton. Bilden sie ein Pärchen, werden sie zur Seite gelegt. Im Wechsel versuchen die Spieler nun weitere Federpärchen zu finden.

Schreibfeder

+6

Material: Gänsefeder, Cutter, konzentrierte Wasserfarbe
Für die *Erweiterung:* Holunderbeerdolden, Metallsieb, Gabel, Glas mit Schraubdeckel

Mit dem Messer den Federkiel schräg anschneiden. Danach die Spitze schräg abschneiden und in den Kiel einen kleinen Spalt schlitzen (eventuell übernimmt ein Erwachsener diese Arbeit). Den Gänsekiel vorsichtig in die dick angerührte Wasserfarbe tauchen, der hohle Kiel nimmt sie auf. Jetzt kann mit der Feder gezeichnet und geschrieben werden. Wenn die Federspitze vom Schreiben abstumpft ist, kann sie mit dem Messer wieder angespitzt werden.

Erweiterung: Selbst gemachte Holunderbeertinte kann als Ersatz für richtige Tinte zum Schreiben mit der Feder benutzt werden. Dafür einige Dolden reifer Holunderbeeren pflücken und die Beeren in einem stabilen Metallsieb mit Hilfe einer Gabel zerquetschen. Den Saft in ein verschließbares Glas gießen und im Kühlschrank aufbewahren. Die Beerentinte hält allerdings nicht so lange wie gekaufte Tinte aus dem Fachgeschäft.

Hinweis: Vorsicht, der dunkle Saft färbt auch die Finger!

Federmaske

+5

Material: Pappteller, Bleistift, Schere/Prickelnadel, Cutter, Locher, Klebstoff, Gummiband, Federn, Fingerfarbe

Den Pappteller halbieren und zunächst die Augen, Mund, Nase aufzeichnen und ausschneiden oder ausprickeln. Aus dem restlichen Pappteller ein Dreieck schneiden, daraus eine Nase formen und auf die vorgesehene Nasenöffnung kleben. Den Maskenrohling nun mit Fingerfarbe bemalen und mit Federn sorgfältig bekleben. Abschließend ein Stück Gummiband an beiden Seiten anbringen. Jedes Kind setzt sich jetzt seine Federmaske auf und erzählt eine Geschichte.

Federmühle +6

Material: Plastikflasche, langer Nagel, 2–3 Perlen, 2 Korken, Cutter, 4 etwa gleichlange Federn, Dispersionsfarben, Pinsel, Sand.

Einen der Korken in 3 Scheiben schneiden, den Nagel durch eine Scheibe stechen und eine Perle darauf schieben. Im Wechsel nun die restlichen Korkscheiben und Perlen auf den Nagel fädeln. Mit Pinsel und Dispersionsfarbe die Flasche anmalen, z. B. als Haus. Nachdem die Farbe getrocknet ist den Sand in die Flasche füllen (das erhöht die Standfestigkeit). Mit dem zweiten Korken die Flasche fest verschließen und den Nagel (mit Korkscheiben und Perlen) senkrecht hineinstechen. Rundum vier Löcher in die mittlere Korkscheibe pieken und die Federn so in die Löcher einstecken, damit der Wind sich darin verfangen kann und die Korkscheibe sich dreht.

Federexperimente +6

Material: Federn, Schale mit Wasser

Unter Verwendung der angegebenen Materialien versuchen die Kinder Antworten auf die nachfolgenden Fragen zu finden

1. Was passiert, wenn Federn ins Wasser fallen?
2. Was geschieht, wenn Wasser auf die Feder tropft?
3. Können Federn tauchen? Wie gelingt das?
4. Können Federn die Luft bewegen? Wie gelingt das?

Gefederte Tiere +4

Material: Knetmasse, Federn in unterschiedlichen Farben und Formen

Aus der Knetmasse modellieren die Kinder fantasievolle Tiere. Anschließend werden die Tierkörper mit Federn verziert. Jedes Federtier erhält von seinem Schöpfer eine Identität und erzählt seine „Lebensgeschichte“.

Stirnband

+4

Material: Federn, Pappstreifen, Schere, Malstifte, Locher, Klebefilm, Hutgummiband

Mit der Schere Streifen aus Pappe (ca. 55 cm x 5 cm) schneiden. Die Kinder bemalen die Streifen mit bunten Quadraten, Dreiecken, Zickzack-Linien, Punkten oder anderen Mustern. An beiden Enden des Streifens je ein Loch lochen. Dann mit dem Messer zwei 8 mm lange waagerechte Schlitze einritzen (das sollte ein Erwachsener übernehmen). In diese Schlitze die Federn von innen einstecken. Um das Verrutschten der Federn zu verhindern, das Stirnband an dieser Stelle von innen noch mit Klebefilmstreifen abkleben. Mit Hutgummiband das Stirnband dem Kopf anpassen. Jetzt kann das Federstirnband für Indianerspiele eingesetzt werden.

Schmuckkette

+5

Material: mehrere besonders schöne Federn, Glas- oder Holzperlen, Blumendraht, Schere, Kneifzange, Lederband

Vom Draht ein ca. 10 cm langes Stück abkneifen und zu einer kleinen Schlinge legen. Den Draht verdrehen, sodass am geschlossenen Ende eine kleine Öse entsteht. Die beiden Drahtenden durch 3–5 Perlen führen. Von der letzten Perle aus den Federkiel durch die Perlen schieben und die Drahtenden um den Kiel drehen. Das Lederband durch die Öse des fertigen Federanhängers ziehen und in gewünschter Kettenlänge verknoten. Es können auch mehrere Anhänger aufgefädelt werden, dann wird die Schmuckkette noch prächtiger. Kleine Knoten im Lederband halten die Anhänger zueinander auf Abstand.

Flaschengeist

+6

Material: durchsichtige Plastikflasche mit Schraubverschluss, Nadel und Zwirnfaden, evtl. Wackelaugen, flauschig-weiße Federn, eine Holzperle, weißes und schwarzes Tonpapier, Malstift, Klebstoff, Schere, Handbohrer

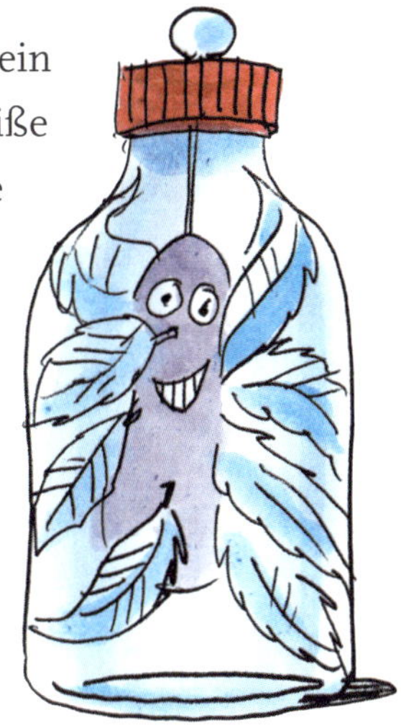

Zunächst in die Schraubverschlusskappe mit dem Handbohrer mittig ein kleines Loch bohren. Nun mit dem Malstift einen „Geist" auf das weiße Tonpapier zeichnen und ausschneiden. Er muss an der breitesten Stelle etwas schmaler als der Flaschendurchmesser sein. Die Wackelaugen und den aus schwarzem Tonpapier ausgeschnittenen Mund aufkleben. Die Flauschfedern in die Mitte des Geistes kleben (den Kiel nur in der Mitte ankleben, damit die Feder flauschig bleibt). Mit der Nadel den Faden durch die Kopfspitze ziehen. Den Geist vorsichtig in die Flasche schieben, den Faden durch den Verschluss ziehen und nun die Flasche zuschrauben. Zum Schluss die Perle an den Faden anbinden. Der Flaschengeist kann nun in der Flasche auf und ab bewegt werden.

Kommt ein Spatz angeflogen

+3

Melodie: Kommt ein Vogel geflogen

1. Kommt ein Spatz angeflogen
setzt sich nieder ganz still,
trägt ein Ästchen im Schnabel,
weil er ein Nest bauen will.

2. Er plustert die Federn,
rupft sich sanft welche aus,
aber nur die ganz weichen
legt er im Vogelnest aus.

3. Auf die Federn legt er Eier,
er wärmt sie ganz lang,
und nach ein paar Wochen
hört man Spätzchens Gesang.

Die Kinder singen das Lied nach der alten, bekannten Melodie und stellen den Text mit passenden Bewegungen dar: Arme ausbreiten und fliegen, mit den Fingern an der Kleidung zupfen, in die Hocke gehen und piep, piep sagen.

Federbusch

+5

Material: Schachtel mit Federn

Die Schachtel mit den Federn steht in der Tischmitte. Jeder Spieler erhält einen Würfel. Es wird reihum gewürfelt. Jeder Spieler nimmt sich aus der Schüssel so viele Federn, wie er Punkte gewürfelt hat. Doch es gibt eine Ausnahme: Wird die sechs gewürfelt, dann müssen sechs Federn in die Schüssel zurückgelegt werden. Wer weniger als sechs Federn hat, muss alle Federn, die er besitzt in die Schachtel zurücklegen.

Vogelfänger

+4

Material: eine Pfauenfeder (oder eine andere lange Feder), Flatterband zur Abgrenzung der Spielfläche

Die Mitspieler bewegen sich frei in dem mit Flatterband abgegrenzten Raum. Ein Mitspieler schwenkt als Vogelfänger eine Pfauenfeder in der Hand und ruft laut: „Hokus pokus Hinkebein, ihr sollt alle ... sein!" (z. B. Wellensittiche, Tauben, Hühner), worauf alle Spieler pantomimisch die genannte Vogelart darstellen. Alle, die der Vogelfänger mit der Feder berührt, müssen stehen bleiben und sagen „gelandet!", wobei sie die typischen Laute der Vogelgattung von sich geben. Wenn alle stehen, gibt der Vogelfänger die Feder an das nächste Kind und das Spiel beginnt von vorn.

Streichelfeder

+4

Material: Entspannungsmusik, Federn, Decken

Die Spielgruppe in zwei gleich große Kleingruppen teilen. Eine der beiden Gruppen streckt sich bäuchlings entspannt auf einer Decke aus. Alle liegen in einer Reihe so weit voneinander entfernt, dass je ein Spieler der zweiten Gruppe neben jedem liegenden Kind Platz hat. Die Spieler der anderen Kleingruppe erhalten eine Feder setzen sich neben die am Boden liegenden Kinder. Die Spielleitung spielt ruhige Musik, die liegenden Spieler schließen die Augen. Jetzt überlegt sich der sitzende Spieler, welche Federberührung dem anderen gut tut und führt sie aus, z. B. die Hand, den Arm, den Rücken streicheln. Nach einer Weile gibt die Spielleitung das Kommando, weiter zu rücken, d. h. der erste Liegende steht auf und der letzte Sitzende legt sich hin. Alle sitzenden Spieler rücken eine Person weiter.

Streichel-Vers

Hallo ... (Name des Kindes) eins, zwei, drei,
eine Feder fliegt vorbei.
Setzt sich auf deine Hand und Schulter.
Sie streichelt rauf, sie streichelt runter.
Sie kitzelt hier und kitzelt dort,
und fliegt ganz plötzlich wieder fort,
zu einem andren schönen Ort.

Die verschwundene Feder +4

Material: mehrere Federn, Tuch

In der Mitte des Sitzkreises liegen ein paar Federn auf einem Tuch auf dem Boden. Während ein Spieler den Raum verlässt, nimmt ein anderer Spieler eine Feder und verbirgt sie hinter seinem Rücken. Alle anderen legen ebenfalls die Hände auf den Rücken. Der Mitspieler vor der Tür wird hereingeholt und nun raten, welche Feder verschwunden ist und wer sie hinter seinem Rücken verbirgt. Dazu singt die Gruppe zur Melodie des Liedes: *Meine Hände sind verschwunden*

Eine Feder ist verschwunden, sie fehlt hier im Kreis!
Wer hat die Feder wohl gestohlen, wer das wohl hier weiß?

Handschuhfederball +4

Material: Kochhandschuhe, Styroporkugel (ca. 5 cm Durchmesser), Federn

2–4 Federn werden an einem Punkt zentriert in die Kugel gestochen. Mit diesem Federball wird jetzt gespielt. Jeder Spieler trägt einen Handschuh, je zwei Spieler stehen sich gegenüber und schlagen sich mit der flachen Spielhand den Federball gegenseitig zu.

Nesträuber +5

Material: Straßenkreide, Schachtel mit Federn

Mit Straßenkreide auf den Boden ein einfaches Hüpfgitter in Form eines Turms zeichnen. In der Turmspitze die mit Federn gefüllte Schachtel platzieren. Nacheinander holt jeder Spieler aus der Schachtel eine Feder. Die Art und Reihenfolge der Hüpfsprünge werden vor Spielbeginn festgelegt, z. B. fehlerfrei auf dem linken/rechten Bein hüpfen.
Als Fehler gilt: Mit beiden Füßen zu landen oder auf den Strich zu treten oder den Hüpfkasten zu verlassen. Wer am Ende die meisten Federn erobert hat, darf für die nächste Hüpfrunde eine neue Spielregel aufstellen.

Steine gibt es überall

Steinforscher suchen Felsen und Natursteine

Steine sind weit mehr als immer nur grau und schwer. Ein genauer Blick lohnt sich, dann zeigt sich, dass viel mehr in ihnen steckt und mit ihnen gemacht werden kann.

Von Felsen und Natursteinen

Steine gibt es seit es die Erde gibt, es sind zerbrochene Felsen, also Bruchsteine. Alle Felsen, wie z. B. die Alpen, die im Lauf der Erdgeschichte vor vielen Millionen Jahren entstanden sind, befinden sich noch an ihren ursprünglichen Entstehungsorten, aber Steine sind kleiner und beweglich, sie haben keinen festen Standort. Natursteine stammen aus vielen verschiedenen, übereinanderliegenden Mineral- und Gesteinsschichten der Erde. Auch an Seen und Flüssen sind sogenannte Flusssteine massenhaft und in vielen Variationen zu finden. Sie wurden von der Witterung, vom Wasser und von den anderen Steinen an ihrer Oberfläche glattgeschliffen oder zu Sand zermahlen. In einigen Landschaften der Welt befinden sich auch sogenannte Findlinge, das sind meist riesige Felsbrocken, die während der Eiszeiten vor Millionen Jahren von Gletschern bewegt wurden. Gesteinsarten besitzen verschiedene Eigenschaften und unterscheiden sich durch Gewicht, Farbe, Maserung und Festigkeit.

In der Steinzeit (man nennt diesen Zeitabschnitt so, weil man davon ausgeht, dass die damaligen Menschen vor allem Steine als Werkzeug benutzt haben) wurden von den Steinzeitmenschen die harten, spröden Feuersteine in mühevollen Arbeitsschritten zu Werkzeugen wie Dolchklingen, Pfeilspitzen und geschliffene Äxte verarbeitet. Auch Feuersteine sind in Europa zu finden. Um allerdings mit Feuersteinen Feuerfunken zu erzeugen, benötigt man andere Schlagsteine.

Heute werden einige Gesteinsarten wie Sandstein, Schiefer, Marmor, Granit in sogenannten Steinbrüchen mit speziellen Maschinen aus den Felsen herausgebrochen. Diese Bruchsteine werden anschließend in bestimmten Maschinen zerkleinert, so entsteht Geröll oder Kies oder auch Sand z. B. für den Straßenbau. Es werden aber auch Felsbrocken mit speziellen Sägen in Scheiben oder Würfel geschnitten und für unterschiedliche Zwecke benutzt, z. B. als Pflastersteine, für eine Parkbank oder zum Bau von Häusern.

Besondere Steine – es sind meist auch große Steine – werden vom Steinmetz oder Steinbildhauer mit speziellen Werkzeugen bearbeitet und verändert. Steinmetz ist ein anerkannter Ausbildungsberuf und zu seinen Tätigkeiten gehört es, einzelne Steine zu verändern, ihnen eine neue Form zu geben und z. B. Grabsteine, Brunnen oder Hausfassaden herzustellen.

Schiefer ist ein Gestein, das sich gut in Scheiben spalten lässt. Die meist schwärzlich-grauen Schieferplatten werden häufig für Dächer und Hausverkleidungen verwendet. Noch bis ca. 1960 lernten die Grundschüler auf Schiefertafeln das Schreiben. Die Schreibstifte hießen „Griffel“ und wurden ebenfalls aus Schiefer hergestellt.

Speckstein ist ein Mineral in verschiedenen Farbtönen, das eine geringe Härte aufweist. Er ist deshalb leicht zu bearbeiten und schon mit dem Fingernagel zu ritzen. Aus ihm werden Gebrauchs- und Kunstgegenstände hergestellt.

Donnerkeile werden volkstümlich noch heute solche grau-weißen Steine bezeichnet, die ein natürlich entstandenes Loch haben. Diese eher seltenen Steine sind hauptsächlich an den Ostseestränden zu finden. Sie gelten als Glücksbringer. Auf ein Lederband gefädelt, wird der Stein zu einem Schmuckketten-Anhänger.

Steine stapeln

+3

Material: Natursteine in verschiedensten Ausführungen

Die Mitspieler versammeln sich um eine große Auswahl an Natursteinen. Je nach Neigung und Interesse der Kinder können sie die Steine spontan oder gezielt stapeln. Die Spieler werden zunächst die Eigenarten des Materials erforschen und durch ausprobieren herausfinden, auf welche Weise sie die Steine stapeln können und wie stabil sie aufeinander liegen.

Tipp: Besonders die älteren Kinder (ab ca. 5 Jahren) erfassen physikalische Gesetzmäßigkeiten und erfahren, wie es ihnen gelingen kann, einen Turm, eine Pyramide oder eine Brücke zu bauen. Der Erfahrungsaustausch mit den Spielpartnern kann dabei hilfreich sein.

Steinsammlung

+4

Material: Eierkarton oder Pralinenschachtel, gesammelte Steine, Dispersionsfarbe, Pinsel

Falls die Kinder nicht schon eine Reihe selbst gesammelter Steine haben, machen sie sich auf den Weg, um auf Kieswegen, Spielplätzen und anderen geeigneten Orten fündig zu werden. Schnell zeigt sich, welche Steine für den Einzelnen „sammelwürdig“ sind, ob es auf Form, Musterung, Größe, Farbe oder Gesteinsart ankommt.
Damit besondere, ungewöhnliche oder schöne Steine ausgestellt werden können, benötigt man einen sogenannten Setzkasten. Dieses kann eine leere Pralinenschachtel oder eine mit Dispersionsfarbe bemalte Eierkartonpalette sein. Die Steine können darin nach Größe, Farbe, Art oder nach Fundorten geordnet und ausgestellt werden. Die Spieler berichten sich gegenseitig, nach welchen Überlegungen sie ihre Steinsammlung sortiert haben.

Bunte Wasserkiesel +4

Material: merere unterschiedliche Kieselsteine, Schüssel mit Wasser

Die Spieler legen die Steine nebeneinander in das Wasser. Sie beobachten und beschreiben, wie die sich die Farben der Steine verändern. Nach einer Weile nehmen sie einige Steine wieder aus dem Wasser und legen sie zum Trocknen aus. Die Spielergruppe bespricht nun folgende Fragen:

1. Was passiert mit den Steinen?
2. Wie verändern die Steine ihr Aussehen?
3. Geschieht die Veränderung schnell oder langsam?
4. Werden die Steine wieder bunt wenn sie zurück ins Wasser gelegt werden?

Steine versenken +5

Material: große Wasserschüssel mit Wasser, Sandförmchen, Steine in verschiedenen Größen

Zunächst legen die Spieler die Steine auf die Wasseroberfläche und beobachten was passiert. Dann ein Sandförmchen auf das Wasser setzen, was ist der Unterschied? Abwechselnd und vorsichtig legen die Spieler einen Stein nach dem anderen in das Förmchen, was passiert? Gemeinsam erörtern die Spieler die folgenden Fragen:

1. Können Steine ohne Förmchen schwimmen?
2. Wie viel Steine trägt das Förmchen?
3. Wie schwer sind Steine?
4. Welche Steine sind schwerer?
5. Versinken alle Steine gleich schnell?

Steinläufer +4

Material: 6–8 unterschiedliche Gesteinsarten, 6–8 leere Obstkisten aus Holz, 6–8 Müllsäcke
Für die Erweiterung: Augenbinden

Die Holzkisten mit den Müllsäcken auskleiden, dann in jede Kiste eine andere Gesteinsart füllen, sodass der Boden bedeckt mit Steinen ist. Die gefüllten Kisten in einem Abstand von ca. 50 cm hintereinander oder in Kreisform aufstellen. Die Spieler betreten nun mit nackten Füßen den Parcours und gehen nacheinander durch alle Steinkisten. Sie sprechen dabei über ihre Empfindungen und Wahrnehmungen.

Erweiterung: Wenn die Kinder den Weg kennen, können sie auch mit geschlossenen Augen (Augenbinde) alleine oder an der Hand eines Partners durch den Parcours gehen.

Steinmetz +6

Material: Bruchstücke unterschiedlicher Gesteinsarten z. B. Speckstein, Granit, Marmor, Sandstein, Schiefer, unterschiedliche Werkzeuge wie z. B. Raspel, Hammer, Beitel, Handbohrer, Messer, Sandpapier in verschiedenen Stärken, Kneifzange, Schutzhandschuhe und Schutzbrillen

Die Kinder sollen auf einer geeigneten Oberfläche (Werkbank) und dem Vorhaben entsprechend ausgerüstet (z. B. Schutzbrille und Handschuhe beim Hämmern der Steine) den praktischen Umgang mit Steinen und Werkzeug erkunden und anschließend die folgenden Fragen und beantworten:

1. Welcher Stein lässt sich verändern, mit welchem Werkzeug?
2. Mit welchem Werkzeug kann ein Stein leicht oder schwer verändert werden?
3. Was passiert wenn der Stein gehauen, geritzt, geschmirgelt wird? Wie verändert er sich?
4. Welchen Stein möchtest du gerne weiter verändern?

Glückssteine +3

Material: Steine in unterschiedlichen Formen, Fingerfarbe, Pinsel, Klarlack
Für die Variation: Filzstifte, Klebstoff, Federn

Verschiedene kleinere Steine in einer Farbe grundieren. Danach werden die Steine je nach Wunsch mit einem Gesichtsausdruck oder einem beliebigen Muster angemalt. Zum Schluss die bunten Steine mit Klarlack versiegeln.
Variation: Auf ovale Steine mit Filzstiften Augen und Maul zu einem Fisch malen. Einzelne Federn mit Klebstoff als Schwanz-, Seiten- und Rückenflossen befestigen

Schiefertafel +4

Material: Schieferplatte, Schieferplattenstückchen oder Kreidestifte

Auf die Schieferplatte mit Schiefersteinstücken Bilder malen bzw. ritzen. Die Bilder können mit einem feuchten Tuch wieder weggewischt werden.
Vorsicht: Schieferplatten sind spröde, sie zerbrechen wenn sie zu Boden fallen.

Tipp: Statt der Schiefer können auch Sandsteinplatten verwendet werden, diese mit einem Nagel oder ähnlichem Werkzeug bearbeiten.

Hosentaschenstein +5

Material: kleinere Steine, Sandpapier in verschiedenen Körnungen, Bohnerwachs oder Marmorpaste, weiches Wolltuch
Für die Variation: Bindfaden, Schnur

Jeder sucht sich einen Stein aus und schmirgelt ihn mit dem Sandpapier (von grober bis feiner Körnung) glatt, danach den Stein abwaschen. Nach dem Trocknen den Stein mit Bohnerwachs einreiben und mit dem Wolltuch so lange polieren bis er schön glänzt. Dieser Stein passt in jede Hosentasche
Variation: Den Stein kreuzweise (wie bei einem Päckchen) mit einem Stück Bindfaden einbinden, die Enden verknoten. Ein Stück Schnur als Kette abmessen, den Steinanhänger einfädeln und die Kette verknoten.

Steinmosaik +6

Material: viele kleinere Steine in unterschiedlichen Formen, mehrere Pappteller, stabile flache Unterlage aus Holz oder Metall, Gips- oder Spachtelmasse, Gefäß zum Anrühren, Spachtel

Die Steine zunächst nach Farben und Muster in die Pappteller sortieren. Dann die Steine zu einem Bild, Muster oder in Linien so auslegen, wie sie auf der Unterlage mit Gips befestigt werden sollen. Nach Herstellerangaben die Gipsmasse vorbereiten und mit dem Spachtel auf die Unterlage bringen. Die Steine entsprechend dem Vorbild auf die Gipsmasse legen. Das fertige Steinmosaik austrocknen lassen.

Tipp: Ein Steinmosaik kann auch auf einer Betonplatte (z. B. Gehweg oder im Garten) angebracht werden.

Steinklänge

+5

Material: pro Spieler zwei faustgroße Kieselsteine

Die Spieler bekommen je 2 Steine. Sie stellen sich in Kreisform auf und legen zunächst die Steine vor sich ab. Gemeinsam zählen sie nun laut von eins bis zehn. Die Zahl Eins wird dabei immer besonders betont. Zur Einstimmung mit den Händen klatschen schnipsen oder stampfen, mit jedem Zähldurchgang eine Zahl weglassen. Im zweiten Durchgang werden die Steine genommen und gegeneinander geschlagen, wobei Lautstärke und Intensität der Steinschläge abnehmen. Nun teilt sich die Spielergruppe in die Hörer und Klopfer. Die Hörergruppe setzt sich bequem kreisförmig in die Mitte des Raums und schließt die Augen. Die Klopfergruppe stellt sich um die Hörergruppe herum. Wenn alle still sind, beginnen die Klopfer mit Zählen und Steinschlagen, sie lassen wieder mit jeder weiteren Zählrunde eine Zahl weg. Anschließend findet ein Rollentausch statt. Zur Abschlussrunde stehen alle im Kreis und zählen dreimal bis fünf mit der Betonung der Eins. Im Anschluss an das Spiel tauschen sich alle Teilnehmer mit Hilfe eines „Sprechsteins" über ihre Eindrücke aus:

1. Was habe ich gehört als ich die Steine gegeneinander geschlagen habe?
2. Was habe ich gehört, als ich mit geschlossenen Augen zugehört habe?
3. Haben alle Steine den gleichen Klang? Welche Unterschiede gibt es?
4. Was habe ich beim Hören gespürt?

Hinweis: Die Steine dürfen nicht mit großer Gewalt gegeneinander geschlagen werden, damit sie nicht splittern. Es muss auch klar sein, dass mit so großen Steinen vorsichtig und verantwortungsvoll umgegangen wird.

Specksteine

+6

Material: Speckstein aus dem Baumarkt, Handbohrer, Schleifschwamm, verschiedene Raspel, Sandpapier in verschiedenen Körnungen, Meißel und Hammer, farblose Schuhcreme

Da der Speckstein ein weiches Gestein ist, ist er leicht mit den genannten Werkzeugen zu bearbeiten, d.h. mit Bohrer und Beitel können Mulden, Löcher und Rillen angebracht werden und mit Raspel, Schleifschwamm und Sandpapier wird der Speckstein glattgeschmirgelt. Dabei sind der Fantasie und Kreativität kaum Grenzen gesetzt. Jeder entscheidet sich entsprechend der Steinform für ein bestimmtes Objekt, z.B. eine Tier- oder Fantasiefigur, ein Handschmeichler, ein Teelichtstein oder Schmuckanhänger. Das Werkstück kann zum Schluss mit etwas farbloser Schuhcreme eingerieben werden, es glänzt dann.

Knallsteine

+6

Material: 1 runder Stein pro Kind, Kreide

Einen Kreis mit einem Durchmesser von etwa 1 m wird auf den Boden gezeichnet und ca. 5–8 Schritte von der Kreislinie entfernt eine Wurflinie. Die Spieler bilden zwei Gruppen, abwechselnd wirft aus jeder Mannschaft ein Spieler seinen Stein in den Kreis. Die Steine, die bereits im Kreis liegen, dürfen weggesprengt werden. Die Gruppe, die zuletzt die meisten Steine im Kreis liegen hat, ist Sieger.

Steinturm

+3

Material: Steine in verschiedenen Größen, Tennisball

Alle singen das Lied auf die Melodie von „Wer will fleißige Handwerker sehn“, während ein Spieler nach dem anderen einen Stein auf den anderen legt, und zwar so lange, bis der Turm zusammenfällt. Wer den letzten Stein gelegt hat, bevor der Turm einstürzt, darf mit dem nächsten Turmbau beginnen.

Tipp: Falls der Turm gar nicht umfallen will, weitere Türme bauen und später mit dem Tennisball die Türme umkegeln.

1. Wer will fleißige Turmbauer sehn,
der muss zu den Kindern gehen,
Stein auf Stein, Stein auf Stein,
der Turm der wird bald fertig sein!

2. Wer will fleißige Turmbauer sehn,
der muss zu den Kindern gehen,
Stein auf Stein, Stein auf Stein,
bald kracht der Turm von selber ein.

Steine-Alphabet

+6

Material: helle Flusskiesel, wasserfeste breite Filzstifte

Ein älteres Kind oder ein Erwachsener schreibt das Alphabet in Blockbuchstaben untereinander auf ein Blatt Papier. Die Kinder übertragen die Buchstaben und malen mit Filzstiften einen Buchstaben auf jeden Stein. Von jedem Buchstaben sollten mindestens 2 Exemplare erstellt werden. Das Steinalphabet kann dann sortiert werden, als Memory gespielt werden oder die Kinder legen ihren Vornamen oder andere einfache Wörter.

Steinmassage

+5

Material: pro Spielerpaar 6–10 handtellergroße Flusssteine, Gymnastikmatten, Entspannungsmusik

Die Spieler gehen immer paarweise zusammen. Ein Spieler legt sich bäuchlings auf eine Matte. Während die Musik spielt, legt der Spielpartner die Steine auf den Rücken, die Arme oder Beine des Liegenden. Dies geschieht vorsichtig, leise und konzentriert. Die Spielerpaare stören sich nicht. Nach einer Weile findet ein Rollenwechsel statt. Nach dieser Steinmassage berichten die Spieler von ihren Eindrücken und Empfindungen.

Kieselsucher

+4

Material: Kieselstein

Die Spieler sitzen so eng wie möglich im Kreis. Ein Spieler seht in der Mitte als Kieselsucher, die anderen geben während des Singens unbemerkt einen Kieselstein hinter den Rücken von Hand zur weiter. Dabei singen alle den untenstehenden Vers. Wird ein Spieler beim Weitergeben des Steins vom Kieselsucher erwischt, muss er mit ihm sofort den Platz tauschen. Ist das Lied zu Ende gesungen, darf der Stein nicht mehr weiterwandern. Der Kieselsucher darf nun raten, wer im Besitz des Kiesels ist. Rät er richtig, tauschen die beiden Kinder ihre Plätze, rät er falsch, darf der Spieler mit dem Kiesel in der Hand bestimmen, wer als Nächster als Kieselsucher in die Mitte geht.

Melodie: Taler, Taler, du musst wandern

Kiesel, Kiesel, du musst wandern,
von der einen Hand zur andern.
Das ist herrlich, das ist schön,
Kiesel lass dich nur nicht sehn!

Geschichtenstein

+5

Material: Stein, Tuch

Die Spieler sitzen im Kreis, in der Kreismitte auf einem Tuch liegt ein Stein. Alle sind still, nur derjenige, der den Stein in der Hand hält, darf sprechen. Die Spielleitung gibt den Stein an das erste Kind und es beginnt mit dem Stein in der Hand eine Geschichte zu erzählen, z. B.: *„Es war einmal ein Mädchen, das ging am großen Fluss spazieren. Sie hob einen besonders flachen Stein auf, legte ihn ans Ohr und der Stein begann zu erzählen …“* Der Erzähler legt den Stein wieder auf das Tuch, wer weiter erzählen möchte, holt sich den Stein. Ist die Geschichte zu Ende erzählt, kann mit einem anderen Stein eine neue Geschichte entstehen.

Tipp: Ein Redestein kann in Gesprächsrunden auch bei Kindern ab 3 Jahren eingesetzt werden, es darf dann nur derjenige sprechen, der den Stein in der Hand hält.

Steinwurf

+5

Material: gleich große Steine, Messschnur

Jeder Mitspieler bekommt einen Stein. Immer zwei Spieler stellen sich an einer Wurflinie auf. Auf ein Startkommando der Spielleitung werfen die Spieler ihren Stein so weit wie möglich in den Sandkasten oder die Wiese. Wessen Stein flog am weitesten? Danach sind die nächsten Spieler an der Reihe. Die Sieger aus allen Spielrunden treten so lange gegeneinander an, bis in einem Finale die beiden letzten Steinweitwerfer an der Wurflinie stehen.

Hinweis: Hier kann sicheres Werfen geübt werden: Es wird in einen genau festgelegten Zielraum geworfen, der weit genug einsehbar ist und beim Werfen nicht betreten werden darf.

Steinkönig

+5

Material: viele Steine

Die Steine werden zu Beginn des Spiels zu einem Haufen aufgetürmt. Der erste Spieler wird nach dem unten stehendem Auszählvers bestimmt. Er versucht nun, so viele Steine wie möglich vom Haufen zu nehmen, ohne dass sich ein anderer Stein bewegt oder herunterrollt. Passiert dies, ist der nächste Spieler an der Reihe. Wer zum Schluss die meisten Steine gesammelt hat, ist Steinkönig.

Auf dem großen Felsen,
da sitzt die schöne Else.
Sie wartet auf Fred Feuerstein,
du musst es sein.

Rollende Steine

+5

Material: pro Kind 1 Stein

Die Spieler sitzen im Kreis. Jeder hält seinen Stein in den Händen, betrachtet, betastet ihn und merkt sich seine Eigenarten. Dann legen alle ihre Hände mit dem Stein auf den Rücken und geben ihren Stein im Uhrzeigersinn an den Nachbarn weiter. Dazu singen alle im rhythmischen Sprechgesang den Vers:

Wir, wir wollen
Steine rollen,
Steine rollen
wollen wir.

Dann betrachtet jeder wieder eingehend den Stein, den er erhalten hat. Das Spiel ist beendet, wenn jeder seinen Ausgangsstein wieder in Händen hält.